AI 行动方案

传统企业如何决胜人工智能转型

All-in On AI

How Smart Companies

Win Big with Artificial Intelligence

[美] 托马斯·达文波特（Thomas H. Davenport）尼廷·米塔尔（Nitin Mittal）◎著

任溶　桂曙光◎译

中信出版集团 | 北京

图书在版编目（CIP）数据

AI 行动方案：传统企业如何决胜人工智能转型 /
（美）托马斯·达文波特，（美）尼廷·米塔尔著；任溶，
桂曙光译 . -- 北京：中信出版社，2024.4
书名原文：All-in On AI: How Smart Companies
Win Big with Artificial Intelligence
ISBN 978-7-5217-6404-8

Ⅰ . ① A… Ⅱ . ①托… ②尼… ③任… ④桂… Ⅲ . ①
人工智能－应用－企业管理－研究 Ⅳ . ① F272.7

中国国家版本馆 CIP 数据核字（2024）第 054960 号

All-in On AI: How Smart Companies Win Big with Artificial Intelligence
By Thomas H. Davenport, Nitin Mittal
Original work copyright © 2023 Deloitte Development LLC
Published by arrangement with Harvard Business Review Press
Unauthorized duplication or distribution of this work constitutes copyright infringement.
Simplified Chinese translation copyright © 2024 by CITIC Press Corporation
ALL RIGHTS RESERVED
本书仅限中国大陆地区发行销售

AI 行动方案——传统企业如何决胜人工智能转型
著者：　　［美］托马斯·达文波特　　　［美］尼廷·米塔尔
译者：　　任溶　桂曙光
出版发行：中信出版集团股份有限公司
　　　　　（北京市朝阳区东三环北路 27 号嘉铭中心　邮编　100020）
承印者：　三河市中晟雅豪印务有限公司

开本：880mm×1230mm　1/32　　　印张：8.25　　字数：165 千字
版次：2024 年 4 月第 1 版　　　　印次：2024 年 4 月第 1 次印刷
京权图字：01-2023-3442　　　　　书号：ISBN 978-7-5217-6404-8
　　　　　　　　　　　　定价：69.00 元

目　录

当谷歌母公司 Alphabet 的 CEO（首席执行官）桑达尔·皮查伊在 2017 年的一次谷歌客户活动上宣布该公司将转向"AI（人工智能）优先"时，没有人感到特别惊讶。皮查伊在面向技术开发人员的演讲中说道："在一个 AI 优先的世界里，我们正在重新思考我们所有的产品，并应用机器学习和 AI 来解决用户的问题。"[1] 早在 2015 年，谷歌就已经在全公司范围内开展了超过 2 700 个关于 AI 和机器学习的项目。[2] AI 嵌入了几乎所有面向客户的产品和服务，包括搜索、地图、电子邮件、视频聊天软件、语音助手等。它还给谷歌云的客户提供 TensorFlow——一套机器学习算法和工具。Alphabet 旗下的其他几家公司，包括自动驾驶汽车公司 Waymo 和生物技术公司 Calico，也广泛应用 AI 技术。

在业内，Alphabet 全力押注 AI 当时已经广为人知，因此这一宣布并没有引起太多关注，这是硅谷和积极进取的原生数字化企业的正常行为。甚至有一本书专门介绍科技创业领域那些奉行"AI 优先"的公司，这可能不会令人感到惊讶。[3] 人们似乎认为："谷歌就是这样做的，脸书、亚马逊、腾讯、阿里巴巴等公司也是如此。"

但是，并非只有 Alphabet 和其他科技公司考虑用 AI 为其业务提供驱动力。有些传统大企业甚至中小型公司也瞄准了这一目标。例如，尽管当时很少有小公司能在雷达屏幕上使用 AI，但美国波士顿南部郊区的一家有 200 名员工的抵押贷款公司半径金融集团（Radius Financial Group）做到了。[4] 该公司的联合创始人兼运营负责人基思·波拉斯基在 2016 年开始深入研究 AI 工具。波拉斯基将公司的业务称为"贷款制造"，贷款制造业务中发生的一切都要被衡量评估。他在工作中部署了 AI 和自动化工具，现在公司的生产率和利润远高于行业平均水平。[5]

人们通常认为，AI 应该主要出现在硅谷，但欧洲航空巨头空中客车（Airbus，后简称"空客"）公司并不这么认为。航空业面临被数字化剧烈颠覆的局面，意识到这一点的空客公司需要适应这种情况并提高运营效率，于是它在 21 世纪第一个 10 年的中期开始了全面的数字化转型。空客公司内部有各种各样的举措，但 AI 和数据是变革的前沿和中心。空客投资新技术，甚至开始重新培训员工使用 AI。它的计划并非秘而不宣，其网站这样介绍："AI 不仅仅是一个研究领域，而且是一项无处不在的未来技术，它可能重新定义社会的所有领域。在空客，我们相信 AI 是一项关键的竞争优势，它让我们能够利用手中数据的价值。"[6]

空客公司将 AI 的能力运用于全球业务的各个领域，包括商用飞机业务以及直升机、国防和航天。AI 技术一直是空客很多产品及服务的基础，包括 OneAtlas 图像服务、ATTOL（基于视觉的自动滑行、起飞和着陆导航）演示器、基于视觉的直升机导航，以及驾驶舱飞行员和国际空间站宇航员的虚拟助手等。

在中国，像阿里巴巴和腾讯这样的原生数字化企业肯定正在积极推动 AI 的应用。但是，AI 也在传统业务领域得到应用，比如保险、银行、医疗健康和汽车销售。作为一家大型企业，平安集团在上述所有领域的业务都蓬勃发展。该公司在每项业务中都运用了 AI，AI 可以根据照片进行快速的保险索赔支付，使用面部识别确定身份来进行信用核查，实现智能远程医疗，以及评估二手车的价值等。平安集团的商业模式是在涵盖金融服务、医疗健康服务、汽车服务和智慧城市服务的"生态系统"中,借助 AI 向客户和互联网用户提供基于生活方式的金融消费产品,并不断从业务的数据中学习,以完善其 AI 场景模型。

AI 在平安集团运作良好。该公司 1988 年才成立,2020 年收入近 2 000 亿美元。同样,该公司也没有试图隐藏对 AI 的关注。平安科技官网披露:"AI 是平安科技的核心技术之一,目前公司已经形成包括预测 AI、认知 AI、决策 AI 在内的系列解决方案。"[7] 该公司还进一步表示:"平安科技已经形成了智能认知技术矩阵,包括人脸识别、声纹识别、医学图像智能解读、动物识别和多模态生物特征识别,这些技术逐渐在现实生活中得到广泛而深入的应用。"即使很多科技公司也不能将类似的声明放在自己的网站上。

平安、空客、半径金融都是传统企业,尽管拥有强大的技术能力,但它们不是科技公司或电子商务公司,它们代表了我们关注的 AI 在传统企业里的角色。尽管 AI 本身不是它们的核心产品或服务,但是这些企业充分利用了 AI 的力量。一家零售机构的 AI 负责人告诉我们:"有人问我,为什么我只在传统企业担任数据、分析和 AI 等方面的职务?这是因为,在原生数字化企业里,这项工作太容易了!"我们虽然怀疑这些工作并不像看起来那么简单，但倾向于认同他的观点。在传统行业中，全力押注并利用 AI 来改造一家现有企业，是一件很困难的事情。正如我们在开篇提及谷歌一样，当需要从 AI 密集型科技公司和初创公司吸取经验教训，或者当这类公司与传统企业合作时，我们会偶尔提到它们。但是，本书主要的案例将会是在我们出生之前就已经存在的行业，甚至企业。我们将介绍银行、保险公司、生产制造商、零售商和消费品公司、信息提供商、生命科学公司，甚至政府机构。这些组织虽然有不同的业务问题和客户需求，但都找到了全力押注 AI 的方法。

在本书里，我们关注的是在 AI 出现之前就已经存在的一些大企业如何在这项技术的帮助下实现转型。我们不会介绍实施 AI 的普通或最常见的方法，而是介绍那些全力押注 AI 的公司——它们正在进行大规模且明智的投入，认为这项技术将实现重大的业务改进，并且已经有证据表明这些投入正在取得回报。我们以多种方式指代这些公司全力押注的方法——"AI 驱动""AI 推动""AI 赋能"等。这些方法共同的思路是，它们在 AI 技术的支出、规划、战略、实施和变革等方面处于天平的另一端。不是每家公司都会选择这种雄心勃勃的方法，但我们认为每个人都可以从中学习，甚至受到启发。

在本书后面的章节中，我们的目标是探索全力押注 AI 的概念，以及一家公司为了实现这一目标需要什么。我们的观点是针对 AI 最极端的观点——最积极的采用、与战略和运营的最佳集成、最高的商业价值、最佳的实施。我们将介绍积极使用 AI 对战略、流程、技术、文化和人才的影响。了解领先的 AI 采用者正在做什么，可以帮助其他公司评估这项技术对于自身转型的潜力。

我们的经验

我们两人都有过与这类领先公司合作并对其进行剖析的经历。在进入 AI 领域之前，第一作者托马斯·达文波特在定量分析领域进行了多年的研究和写作，他撰写了关于"数据分析竞争"的畅销书和文章。[8]《哈佛商业评论》上的同名文章甚至被评为该杂志百年历史上的 12 篇必读文章之一。这些文章和图书引起的反响清楚地表明，公司及其管理层即使选择了渐进式的方法，也可以从这种全力押注的视角中受益。从那以后，托马斯·达文波特与全球数百家公司合作，这些公司希望打造自己的数据分析能力，于是开始采用相近的技术——AI。他在关于数据分析能力的文章中介绍的一些公司，比如第一资本（Capital One）和前进保险（Progressive Insurance），也出现在本书中。但是，这些公司也采取了多项具体措施来提高自身的AI能力。

第二作者尼廷·米塔尔多年来一直在思考、演讲以及与客户合作，探讨AI驱动到底意味着什么。他还发现，很多对AI不甚了解的公司高管认识到，了解公司如何通过AI技术的广度实现转型是有用的。在专注于AI之前，他与一些医疗健康和生命科学公司合作了大约15年，帮助它们在业务中采集和分析数据。作为德勤（Deloitte）在美国的数据分析和AI负责人，他在5年多的时间里与一些有AI转型目标的客户和高管深入接触，其中还包括打造和销售世界上最复杂的AI技术的厂商合作伙伴。[9]此外，他还领导了美国德勤的一项战略性计划，该计划旨在利用AI让世界上最大的专业服务机构实现转型。

我们都觉得AI很迷人，但更有趣的是AI与商业战略和商业模式、关键流程、组织、变革管理以及成熟企业当前的技术架构之间复杂的相互作用。开发出一个表现优异的新算法是令人印象深刻的成就，但更令人印象深刻的是实现一项涵盖AI的重大企业变革计划。我们喜欢与那些运用技术（特别是AI）的公司合作，并撰写相关的文章，以发掘竞争和运营的新方式。你会在本书里看到这类故事。

你将从这本书中学到什么

我们将提供很多案例分析，就像前面的例子那样，介绍 AI 驱动的公司如何运用 AI。但这些案例是为了探讨更广泛的话题，即如何在"全力押注"层面上成功运用 AI。本书每一章的主题以及其中介绍的公司包括下面这些。

第 1 章　AI 驱动意味着什么

这一章介绍了一家 AI 驱动的公司需要具备什么条件，包括公司运用的特定技术、实现价值的方式，以及定义一种全力押注 AI 方法的构成要件。我们在本章中提到了各种各样的公司，但着重介绍了平安集团，以及星展银行在印度的数字化银行聊天机器人的一些细节。

第 2 章　人性的一面

在本章中，我们认为，让 AI 实践取得成功最重要的因素不是机器，而是人类的领导力、行为和变革。我们先与星展银行的 CEO 高博德进行探讨，他是该公司 AI 计划卓有成效的领导者。我们还讨论了摩根士丹利（Morgan Stanley）、罗布劳（Loblaw）和 CCC 智能解决方案（CCC Intelligent Solutions）

等公司的领导力问题。在提高管理层和员工对 AI 的理解和采用方面，我们讨论了壳牌、德勤、空客、蒙特利尔银行、礼来（Eli Lilly）和联合利华（Unilever）。

第 3 章　战略

第 3 章的重点是介绍 AI 是如何实现或变革商业战略的。我们介绍了 AI 驱动的公司可以采用的 3 种主要的战略原型。在介绍这些原型的过程中，我们提到了各种各样的公司：罗布劳、丰田、摩根士丹利、平安、空客、壳牌、SOMPO、安森保险（Anthem）、费埃哲（FICO）、宏利保险（Manulife）、前进保险和 Well。

第 4 章　技术和数据

企业如果缺乏一些先进的技术和大量的数据，就无法应用高级的 AI，所以在第 4 章中，我们介绍了一个现代的、面向 AI 的技术基础设施和数据环境的组成部分。我们讨论了 AI 工具箱中的所有工具，包括 AI 数据、AutoML（自动机器学习）、MLOps（机器学习运维）、传统技术，以及扩展 AI 应用。本章讨论的公司包括星展银行、克罗格公司（Kroger Co.，及其子公司 84.51°）、壳牌、联合利华、安森保险和空客。

第 5 章　能力

与其他业务能力一样，AI 可以根据公司在各个维度上的进展情况进行评估和排名。由于 AI 的运用有不同的战略原型，因此每一个原型都有不同的能力模型。我们在本章中详细介绍了平安、丰业银行、宏利保险、前进保险和安森保险的能力。我们也在这一章中介绍了合乎伦理的 AI 能力，并将联合利华作为我们的主要案例进行了分析。

第 6 章　行业用例

用例或 AI 应用是一个组织如何将技术应用于业务问题的核心。在这一章中，我们介绍了不同行业的用例。我们将用例清单的内容分为"常见"和"不常见"两类，并提供了每个行业的早期积极采用者的案例。这些组织包括沃尔玛、希捷、第一资本、美国政府和新加坡政府、克利夫兰诊所、辉瑞、诺华（Novartis）、阿斯利康（AstraZeneca）、礼来和迪士尼。

第 7 章　成为 AI 驱动的公司

在最后一章中，我们介绍了 4 条可供选择的路径，企业通过这些路径可以成为一家 AI 驱动的公司。每条路径都有一个特定的案例展示。德勤是第一条路径的案例，我们将介绍专业服务机构从单纯的"以人为中心"到"以人和 AI 为中心"的转型；CCC 智能解决方案的案例，介绍如何从关注信息转向关注 AI；第一资本展示的路径，是从一家专注于数据分析的公司到专注于 AI 的公司；Well 作为一家医疗健康领域的初创公司，是从头开始打造一套 AI 能力的例证。

本书尽管介绍了这些内容，但并不是全力押注 AI 的标准配方。每家公司都积极地将 AI 集成到自己的业务中，其中的基本原理、策略和具体路径都有所不同。但我们相信，本书中的案例和经验对每家公司的个性化转型历程都会有所帮助。至少我们希望，了解这些早期采用者和领先公司在 AI 方面所做的事情会激发你，让你对自己的公司说："我们最好也行动起来。"

第 1 章

AI 驱动意味着什么

世界上一些最成功、最有技术含量的公司（数量不多）已经宣布，它们打算全力押注 AI，或者说转向"AI 优先""AI 驱动"。谷歌将其描述为"在一个 AI 优先的世界里，无论是在家里、工作场所、汽车上还是在旅途中，计算将变得普遍可用，所有的交互将变得更加自然易懂，最重要的是将变得更加智能"[1]。其他行业中寻求 AI 驱动的公司都以简便易懂的技术和普遍的智能为目标，但正在将这些目标应用到自己所在的行业，比如金融服务、制造业或医疗健康行业。

在我们的分析中，AI 驱动的公司在大企业中所占的比例不到 1%。要找到足够多的公司案例来写本书并不容易，但我们还是发掘了大约 30 家。不过，我们预期会看到更多的公司朝这个方向迈进。它们过去为什么不这么做呢？我们在本书中介绍的公司业绩表现优异，它们具备有效的商业模式、良好的决策机制，能够与客户维系密切的关系，提供有吸引力的产品和服务，并设置有利可图的价格。这些公司已经变成了学习的机器，其员工被 AI 加速了。它们之所以能够做到这些，通常是因为拥有比其他公司更多、更好的数据，并且这些数据已被 AI 分析和应用，它们可以利用这些资源来打造自己的公司，并创造经济价值和社会价值。

对很多公司而言，要充分利用 AI 的潜力，先要探索一些选定的商业机会和一些潜在的用例。很多公司从来没有迈出可以增加经济价值的唯一一步——将模型部署到生产中。虽然这种尝试可能会带来一些有价值的见解，但这可能不足以让一家公司成为"市场创造者"，甚至不足以使其成为"快速追随者"。为了从 AI 中获得可观的价值，一家公司应该从根本上重新思考人类与机器在工作环境中的互动方式。公司需要对 AI 进行巨额投资，投资不仅用于 AI 的试点，还要用于全面的生产部署，从而改变员工的工作方式以及客户与公司的沟通方式。公司的高管应该考虑在每个关键程序和运营中系统地部署 AI 工具，以支持新的业务流程设计和数据驱动的决策。同样，AI 也应该推动提供新的产品或服务和发展商业模式。就目前而言，以这种积极的方式使用 AI 可以让企业获得行业领先地位。最终，成为一家 AI 驱动的公司可能不仅是公司获得成功的一项战略，而且是公司生死存亡的关键。

AI 驱动的构成有哪些

你怎么知道一家公司是 AI 驱动的？它需要具备哪些组成部分才能匹配这种分类？目前，我们还没有一个大家普遍接受的组成部分清单，但在研究和咨询中，我们发现对这项技术采取特别积极态度的公司往往具有多种特质。在过去的 4 年，我们对这些公司的 AI 行动进行了 3 次调查，因此还可以引用这些调查中的很多反馈。

公司普遍通过使用多种技术来采用 AI

AI 驱动的公司在整个公司内部使用 AI，通常采用多种用例或应用。AI 是一项通用技术，可以用来支持公司的各种长期目标和短期目标。根据我们的调查，AI 技术最常用于提高业务流程效率、改进决策质量，以及提升现有的产品和服务。根据德勤 2020 年的调查，这也是最有可能实现的 3 个短期目标。[2] 但这些目标涵盖了 AI 的广泛应用领域。例如，改进业务流程可能包括更好地匹配供需以提高供应链效率、预测工厂设备的维护需求，甚至预测哪些应聘者被录用后将取得最佳效益。全力押注 AI 的公司最终会开发出涵盖各种功能和流程、决策以及产品或服务的用例。每项单独的用例可能不会改变一家公司，但它们全面集合起来就可以。

在我们最近发起的"企业 AI"调查中，拥有最强 AI 能力和最大成就的公司占调查样本的 28%，这些公司被称为"变革者"（transformer）。正如我们在下面介绍的那样，"变革者"在它们的 AI 历程中进展顺利，但这一类受访者很少最终成为 AI 驱动的公司（数量太少，无法在广泛的调查中被挑选出来）。平均而言，这类公司有大约 6 个全面部署的 AI 用例，并取得了大约 7 项业务成果。这些成果令人印象深刻，但与 AI 驱动的公司相比仍存在差距。"变革者"的标签表明，它们的目标可能是业务转型，但很少有公司已经通过 AI 完成了转型。依靠 AI 进行自我转型的公司通常在这方面走得更远，有些公司部署了数百个系统，业务成果数不胜数。当然，业务转型是一个持续的过程，没有一家公司能够完全实现转型。

全力押注 AI 的公司也不会将其 AI 产品组合局限于单一技术。相反，它们会利用 AI 所能提供的一切。表 1–1 展示了该领域涵盖的众多技术。让 AI 成为可能的基本资源只有 4

种——统计学、逻辑学及语义学形式的知识，所有这些知识都与计算联系在一起。但在这些资源中，有多种方法、工具和用例的变种。

表1-1　AI驱动的公司采用的AI技术

AI技术的类型	技术是如何运行的
统计机器学习	
监督式机器学习	创建基于历史数据训练的预测模型
无监督式机器学习	识别相似案例的分组，无须训练
自我监督学习	在数据中寻找监控信号，一种新兴的方法
强化学习	通过实验和最大化回报来学习
神经网络	使用特征的隐藏层进行预测或分类
深度学习	使用预测模型的很多隐藏层
深度学习图像识别	学习从标记的数据集中识别图像
深度学习自然语言处理	学习理解或生成语音和文本
基于逻辑的AI系统	
规则引擎	根据"如果……就……"规则做出简单决策
机器人过程自动化	结合工作流、数据访问和基于规则的决策
基于语义的AI	
语音识别	识别人类语音并将其转换为文本
自然语言理解	评估文本内容的含义和意图
自然语言生成	创建定制的可阅读文本

AI驱动的企业，其领导者对这项技术有足够的了解，可以就将哪些技术应用于哪些用例做出明智的决策。这样做有时并不容易，因为不同的工具之间隐藏着复杂性。例如，

表 1–1 列出了几种不同类型的机器学习技术，积极的用户需要知道为了什么而采用哪一种技术。此外，在要做出的选择中还要进一步选择。例如，表 1–1 中的"基于语义的 AI"描述了面向语言的应用，如自然语言理解（NLU）和自然语言生成（NLG）。但自然语言理解应用的核心可以是深度学习算法，以及阐述术语"语义"所暗示的单词和概念之间联系的知识图谱。自然语言生成应用也可以如此，就像 OpenAI（人工智能研究公司）开发的非常复杂的 GPT–3（一种语言模型）系统一样，根据对"下一个单词"的预测生成各种类型的文本，从诗歌到计算机程序。简单的自然语言生成应用也可以由规则驱动。AI 技术的类型非常复杂，因此，做出 AI 相关决策的公司高管在对工具和项目进行重大投资之前，需要做好功课。

有些公司针对同一用例或应用场景使用多种技术。Cotiviti 是一家从事保险欺诈检测和医疗健康分析的公司，它将规则与机器学习相结合，形成了一种非常实用的组合。星展银行采用同样的组合来打击洗钱活动。很多公司都在使用机器人流程自动化（RPA），它可以自动执行后台的结构化工作流并根据规则进行决策。但越来越多的厂商及其客户将机器人流程自动化与机器学习相结合，以更好地进行决策，这有时被称为"智能流程自动化"。我们将会越来越多地看到这些技术结合在一起，或许还会赋予它们一些新名称。积极的采用者很可能会使用所有的 AI 技术，有些如表 1–1 所述，有些则是我们现在还无法完全介绍清楚的刚刚出现的组合形式。虚拟现实（VR）及其他形式的模拟、数字孪生和元宇宙都采用了各种形式的 AI 技术，未来很可能会得到广泛的应用。

生产部署中的众多 AI 系统

应用 AI 的挑战之一是让这些系统进入生产部署。很多公司会着手进行试点、概念验证或原型设计，但它们很少或根本没有将系统投入生产。通过这样的实验进行学习是很好的，但公司并不能从中获得任何经济价值。AI 驱动的公司确实在设法让系统投入生产，我们最近关于"企业 AI"的调查发现，"变革者"（最成功和最有经验的受访公司）平均有 6 个 AI 系统进行生产部署。这使它们被归为最积极的受访者之列，但在我们为本书采访的一些公司中，有更多的 AI 模型投入了生产。[3]

尽管 AI 驱动的公司相对成功，但还有很多其他调查数据支持我们的一个断言，即部署 AI 很困难。IBM（国际商业机器公司）在 2021 年的一项调查发现，在 7 个国家的 5 000 多名技术决策者中，只有 31% 的人表示他们的公司"已将 AI 作为业务运营的一部分进行了积极部署"；41% 的受访者表示，他们"正在探索，但尚未在业务运营中部署 AI"[4]。《麻省理工斯隆管理评论》与波士顿咨询集团在 2019 年的一项调查中发现，"在接受调查的 10 家公司中，有 7 家说迄今为止 AI 的影响很小或没有影响。在对 AI 进行过投资的 90% 的公司中，只有不到 2/5 的公司报告称，在过去 3 年从 AI 中获得了业务收益……这意味着在对 AI 领域进行重大投资的企业中，有 40% 没有报告从 AI 中获得了业务收益"[5]。在我们的调查中，AI 面临的前三大挑战是实施问题、将 AI 集成到公司的角色和职能中的问题，以及数据问题，所有这些都是大规模部署所涉及的因素。[6] 这种情况已经开始发生变化，很多公司开始报告它们正在部署更多的 AI 系统，并从这些系统中获得更多的经济回报。[7] 但是，数据科学家的调查仍然发现，实际上只有少数 AI 模型得到了部署。

公司在部署 AI 方面面临挑战并不令人感到意外。项目试点包括创建模型和编写最小化可行产品（MVP）的代码，但生产部署的规模大得多，并且通常涉及很多其他活动，例如更改业务流程、增加员工数量以及与现有系统集成。此外，一些数据科学家认为，创建一个适应数据的良好的机器学习模型之后，他们的工作就结束了。系统部署通常被认为是其他人的工作，但这项工作的责任归属往往并不清晰。

非常成功的 AI 驱动公司如何解决这些问题并部署系统？首先，它们从一开始就对部署进行计划，除非项目在早期阶段出现问题。其次，它们通常会安排专人负责整个开发和部署过程，专人有时被称为基于 AI 的系统和流程的产品经理，这个人会确保系统得到部署。最后，它们会指派数据科学家和产品经理，从一开始就与业务方面的利益相关方密切合作，这些公司期望进行系统部署以及与之相关的所有行动。

利用 AI 对工作流程进行重新设想和设计

20 世纪 90 年代初，一场名为"业务流程再造"的运动让很多商界人士感到兴奋。在这场运动中，公司对其工作方式进行了彻底的重新设计（本书的作者之一托马斯·达文波特参与发起了这场运动）。当时出现了一些新技术——企业资源计划（ERP）系统，以及后来出现的互联网——可以实现新的流程。不幸的是，在很多公司里，流程再造变成了盲目裁员，但利用新技术推动新的工作方式的想法仍然是有效的，AI 现在就是最突出的例子。

德勤将当前称为"与的时代"（Age of With），即人类

"与"智能机器协作的时代。托马斯·达文波特也很喜欢这个想法，他经常称之为"增强"，甚至为此与人合著了两本关于这个主题的书。[8]虽然很多预言家预测 AI 将会取代人类，但到目前为止，这种情况并不多见，而且大多数公司都在利用这项技术，让人类员工腾出时间来完成更复杂的任务。因此，AI 推动的公司面临的首要问题不是如何用 AI 取代人类员工，而是如何通过重新设计工作岗位、重新培训员工以及在工作流程中充分利用这两者来提高效率。

在我们的调查中，有相当大比例的公司高管表示，AI 已经给就业带来了适度或重大的变化（在 2019 年的调查中，持这种观点的人所占的比例是 72%，82% 的受访者预计 3 年内会发生巨大的变化）。但是，在很多情况下，这种变化并没有出现在正式的业务流程环境下。这意味着，可能整个公司缺乏对流程工作流、衡量标准和统一执行的说明。

流程改进（如果不是根本性创新）与 AI 之间最紧密的联系可能就是机器人流程自动化。有些人认为机器人流程自动化的智能化不足以被称为 AI，但它确实具有基于规则的决策能力。很多公司都将机器人流程自动化视为通向更智能、更基于机器学习的 AI 的垫脚石。有些公司已将机器人流程自动化集成到其流程改进计划中。在将流程自动化之前，公司会将衡量和改进技术应用到这个流程中。例如，在退休及金融服务公司 Voya，其持续改进中心嵌入了一个自动化人才中心，该中心通常采用精益方法和六西格玛方法。Voya 有一个三步程序：分析和改进流程、实施机器人流程自动化、评估自动化流程的性能。[9] 但是，为了真正通过 AI 实现转型，公司必须在广泛的范围内做到这一点，并且至少偶尔在流程中寻求不仅仅是渐进式的性能改进。

我们还看到一些公司将流程的重新设计与机器人流程自动化之外的 AI 形式有效地结合起来。例如，星展银行在东南亚采用 AI 来改进其反洗钱工作，以及改进印度和新加坡客户中心的主要业务流程。评估潜在反洗钱案例的时间缩短为原来的 2/3，而客户中心在不增加员工的情况下，客户数量增长了 6 倍，金融交易量增长了 12 倍。

更多的公司应该解决 AI 如何显著改进业务流程的问题。在某种程度上，能够促进这一点的是采用了 AI 的新技术：流程挖掘。它分析来自公司事务系统的数据，以了解流程的执行情况，然后使用 AI 提出改进建议。流程挖掘消除了流程改进中的大量细节工作，并在很多面向流程的公司中迅速流行起来。

公司的很大一部分人精通 AI 及其应用方式

我们将在本书中不止一次地指出，全力押注 AI 不仅关乎技术，也关乎人。希望在业务中大量使用 AI 的公司需要大量了解其工作原理的高管和普通员工。明智的公司正在对员工进行再培训和技能提升，以开发、解释和改进 AI 系统。随着 AI 系统的开发（尤其是机器学习）变得越来越自动化，以及未经深入专业培训的公民数据科学家（CDS）可以接管部分工作，这一点变得更加重要。

公司的高管需要通过自己的方式来提升 AI 技能。大多数 AI 和分析部门的负责人告诉我们，他们仍然会花大量时间向其他经理宣传这项技术的价值和用途。高管不仅应该为 AI 项目提供资金和时间，还应该在自己的工作中实施 AI。AI 通常可以自动做出决策，而此前部分决策是由人类高级经理做出的。因此，重要的是要让这个群体了解 AI 如何工作、何时适合使用 AI，以及对他们自己和整个公司而言，应该对 AI 做出什么样的重大承诺。

对绝大多数公司来说，这种技能提升和再培训工作仍为时尚早，而且并不是所有员工都需要接受 AI 培训。但很明显，有些人确实需要，而且这样的机会可能越多越好。有些公司已经着手开展针对 AI 的技能提升计划，如空客和星展银行等。

空客已经对 1 000 多名员工进行了 AI 和高级分析技能方面的再培训；星展银行已经对 18 000 多名员工进行了数据技能培训，并创建了一家公民数据科学家公司。在这些员工中，约有 2 000 人精通数据科学和商业智能等前沿领域，另有 7 000 人被认定在数据使用、分析和 AI 等学科领域的技能得到提升。

但是，在我们的一项 AI 调查中，只有 10% 的美国受访者明确表示倾向于再培训和留住现有员工。80% 的受访者倾向于"保留或替换比例相当的员工"，或者"主要用新的人才替换现有员工"[10]。我们认为这是一种目光短浅的行为，而且公司可能无法找到或负担不起这么多新的 AI 人才。再培训和技能提升是一种显而易见的替代方法。

对 AI 的长期承诺和投资

一家公司的高管决定通过 AI 完成公司转型，这绝不是一项随随便便的决策。他们所做的决策将对公司未来的几十年产生重大影响，最终涉及数亿或几十亿美元。我们为本书采访的每一家公司都告诉我们，这是全力押注 AI 的代价。起初，这样的资源承诺可能会让公司感到害怕，但在看到从早期项目中获得的各种好处之后，这些 AI 驱动的公司发现，在面向 AI 的数据、技术和人才上投入资金要容易得多。

以 AI 为中心意味着公司承诺使用数据和分析来做出大多数的决策，以不同的方式与客户打交道，将 AI 嵌入产品和服务，并以更加自动化和智能化的方式执行很多任务，甚至执行整个业务流程。很多公司正处于数字化转型的阵痛之中，但基于 AI 的转型要更进一步。简言之，这是一笔很大的赌注，大多数公司还没有足够的勇气押注。

当然，如果领导者是这个想法的坚定拥护者，那么这会有所帮助。CEO 的承诺会推动公司做出很多其他类型的承诺，但这最终还是不够的。如果公司的高层、中层甚至一线管理人员只是口头上支持用 AI 推动业务发展，那么事情就会进展缓慢，公司也很可能会回归老路。我们已经看到，一些高度敬业的 CEO 通过多项举措建立了以分析和 AI 为中心的公司。但在他们离开公司之后，下一任 CEO 并不相信 AI，因此公司对数据、分析和 AI 的关注也就沦为平常。

在下一章中，我们将进一步阐述领导力和承诺的重要性。我们还将介绍一些领导者的实例，他们以全面而富有戏剧性的方式，展现了将 AI 作为战略力量的承诺。

独特且庞大的数据来源，实时分析并采取行动

如果 AI 可以驱动公司发展，那么数据就可以驱动 AI 发

展。对 AI 持审慎态度的公司必须认真对待数据——搜集数据、整合数据、存储数据，并使其广泛可用，这些都不是新的挑战，但如果一家公司关注 AI，那么数据就比平常情况下更重要。在我们 2020 年的 AI 调查中，当被要求选择通过 AI 增强竞争优势的举措时，采用了 AI 的公司将"实现 AI 数据基础设施的现代化"作为首选。事实上，我们采访过的所有公司都在采取 AI 举措之前或同时，启动了重大数据管理项目。

除了拥有良好的数据之外，渴望通过 AI 实现业务转型的公司必须拥有越来越多的独特数据或专有数据。如果一个行业中的所有竞争对手都拥有相同的数据，那么它们都将拥有相似的机器学习模型和相似的结果。AI 能让你的公司脱颖而出的部分原因在于，你要找到尚未被充分利用的现有数据源，或者获得新数据的访问权限。

银行业和零售业的数据量已经非常庞大。加拿大的丰业银行、美国的第一资本银行和新加坡的星展银行等银行利用它们的数据来了解更多关于客户和交易的信息，并将这些数据反馈给客户，以帮助他们理财。美国的克罗格和加拿大的罗布劳等零售机构则更多地利用了销售点数据、库存数据、购物者忠诚度数据等，这些数据量可能超过了它们的所有竞争对手。

在某些情况下，积极采用 AI 的公司已经开发了新的商业模式，可以更多地访问数据。中国平安有一个非常合理的"生态系统"模型，它不仅可以开放给客户和供应商，还允许数据分析模型访问。"智慧天空"（Skywise）是空客公司的航空开放数据平台，可以在全球很多使用空客飞机的航空公司和其他原始设备制造商（OEM）之间共享数据。这些公司从具有平台型商业模式的电子商务初创公司那里了解到，拥有来自多个参与方的数据是业务增长和企业价值提升的重要驱动力。

高度依赖 AI 的公司不只是搜集数据并在有空的时候进行分析。它们会尽可能采用实时方法，以当代企业的速度做出基于数据的决策。它们在销售点为客户提供实时的报价，并防止欺诈交易发生。它们对业务中断的反应更快，会监控模型的运行情况，并在必要时对模型进行重新训练。这在一定程度上是因为它们拥有现代技术堆栈，但也因为它们有适当的流程来管理数据供应链和利用数据的紧迫感。当然，没有哪家公司的数据是完美的，但 AI 密集型公司的数据环境要比大多数公司好得多。

建立合乎伦理和值得信赖的 AI 框架

一家公司的业务如果高度依赖 AI，那么它就需要确保其使用的 AI 系统合乎伦理且值得信赖，否则很可能会因 AI 而得不偿失。到目前为止，大多数关于 AI 伦理的正式治理机制和结构都在科技公司那里，它们都拥有大量的 AI 产品和服务，并且希望向客户证明自己是负责任的。也许是因为科技公司相对而言是 AI 的早期采用者，它们过去也最有可能被指控存在 AI 偏见或其他违反伦理的行为。[11]

公司并不需要付出巨大的努力来打造一种合乎伦理和值得信赖的 AI 方法。很多可用的框架有助于创建一套原则，我们将在第 5 章中讨论这些原则。当然，挑战在于将原则付诸实践，我们也会在该章讨论这一点。

我们可以成立一个由具备强大技术和业务专业知识的高管组成的小组，来评估所有要投入生产的 AI 系统的每条标准。事实上，我们听说有几家公司设立了算法审查委员会之类的团体，不过我们认为需要审查的不仅仅是算法。一位伦理顾问呼吁成立一个 AI 机构审查委员会，就像那些针对人体受试者的学术或医学研究的委员会一样，以确保 AI 系统的任何方面都不违反伦理原则。[12] 毕竟，AI 工作通常也涉及人类。

AI 驱动的公司如何实现价值

AI 驱动的公司通过一些具体的价值杠杆创造了比其他很

多公司都高的价值（见表1-2）。我们将在整本书中引用这些内容。在这里我只想说，AI驱动的公司经常使用多种杠杆（有时是同一个用例）来改善它们的业务。

表1-2　全力押注AI的公司如何实现价值

价值杠杆	释义
执行速度	应用AI，通过最大限度地减少决策和行动的延迟，来缩短实现运营和业务成果的时间
降低成本	应用AI实现业务流程、任务和交互的智能自动化，以降低成本、提高效率、改善环境可持续性并确保可预测性
理解复杂性	应用AI，基于日益复杂的数据源，通过解读模式、连接信息点和预测结果，来提高理解和决策能力
转变参与方式	应用AI改变客户和员工与智能系统的交互方式，通过语音、视觉、文本和触摸来扩展参与度
驱动创新	应用AI深入了解如何竞争以及如何取胜，从而创造新的产品、市场机会和商业模式
增强信任	应用AI保护自己的品牌免受欺诈、浪费、滥用和网络入侵等风险，从而让利益相关方放心并增强客户之间的信任

　　在单个用例的层面，我们在本章前面提到的星展银行反洗钱应用通过多种方式为银行带来了价值。它帮助星展银行更早地识别欺诈行为，因此有利于加快执行速度。交易监控分析师可以更快地分析潜在的反洗钱案件，提高生产效率并降低成本。它使用更多的银行数据来判断案件中出现真正欺诈的可能性有多大（即理解复杂性）。当然，反洗钱应用的总体目标是增强

客户和监管机构对银行的信任。

当然，利用 AI 实现的价值越大越好。希望在 AI 领域取得成功的公司应该采用尽可能多的不同的价值杠杆，并努力在单个用例中实现多种杠杆。有些杠杆（比如降低成本）相对容易衡量。但是，公司不应该将自己局限于容易衡量的 AI 用例中。一些最大的好处可能来自改变商业模式、基于更多和更复杂的数据做出决策，以及建立值得信赖的 AI。

公司在全力押注之路上的位置是什么

在了解了一家 AI 驱动的公司的所有组成部分之后，你可能会觉得自己的公司符合其中部分特征，但尚未全部实现，或者在拥有这些特征方面取得了进展，但还没有完全实现。下面的特征可以帮助你评估公司所处的位置。我们将在第 5 章讨论 AI 的能力时对它们进行深入介绍。

- AI 驱动。公司拥有我们上文介绍的全部或大部分组成部分，已完全实施并正常运行。其业务建立在 AI 能力之上，并正在成为一台学习机器（请参见后文）。
- 变革者。尚未实现 AI 驱动，但往前迈进了相对长的一段路，已经符合某些特征。已经部署的多个 AI 应用在为公司创造巨大的价值。

- 探路者。公司已经启动了 AI 转型并正在取得进展，但处于早期阶段。公司已部署了一些系统并取得一些可衡量的积极成果。

- 起步者。公司正在进行 AI 试验，有工作计划，但要取得进展还需要做大量工作。在生产中部署到位的 AI 数量很少或没有。

- 后进生。已经开始尝试运用 AI，但尚未进行生产部署，而且收效甚微，甚至没有实现任何经济价值。

并非我们在本书中提到的每一家公司都是 AI 驱动的公司。在某些情况下，它们是变革者，甚至是探路者，但它们已经开始了一些实用的或值得注意的实践。

成为一台组织学习机器

总结所有这些特征的一种方法，是将全力押注 AI 的公司视为组织学习机器。在这样的公司里，与 AI 相关的学习在很多方面都已经制度化且运转良好。这类公司至少在两种方式上是组织学习机器。第一种方式是不断地从 AI 的研究和部署中学习。它们进行试验，并采用快速试错的方法，从有效和无效的过程中吸取经验教训。正如我们的同事约翰·哈格尔和约翰·西利·布朗所说，这类公司已经实现了"可扩展学习"。[13] 对在 AI 领域世界一流的公司来说，试验和学习都很重要。

比如平安集团，这家总部位于中国的公司从保险起家，现在已经涉足各种与金融服务相关的业务领域（详见第 3 章）。该公司拥有一个庞大的研究团队，并招募了很多计算机科学及相关领域的优秀博士。公司的创始人马明哲是一位艺术品收藏家，他向首席科学家肖京建议，可以创作艺术的 AI 系统可能会吸引公司庞大的客户群体和合作伙伴网络。肖京委派了一个小团队尝试在现有的高质量样本上训练一个机器学习系统来创作图画、音乐和诗歌。

试验取得了成功：研究人员能够利用 AI 创作出高质量的图画、音乐和诗歌。该系统在 2019 年世界 AI 大会上推出，获得了众多媒体的好评。[14] 该音乐创作系统甚至获得了国际奖项。肖京在接受采访时告诉我们，平安集团正在研究将 AI 艺术创作系统与集团不同生态系统的商业模式进行连接，比如将 AI 创作的音乐用于在线医疗或其他医疗健康相关的服务。同时，他的团队还掌握了如何为涉及参与者主观情绪或感受的业务开发 AI 系统，比如证券市场交易。

AI 驱动的公司成为组织学习机器的另一种方式与机器学习直接相关（至少是监督式机器学习，这是目前为止商业中最常见的机器学习类型）。这项技术基于已知结果的过往数据，通过训练模型来预测未知结果。这听起来可能有点儿令人困惑，但作为组织学习机器的公司，正在不断地从它们的机器学习中学习。当代 AI 能力所做的，本质上是使大规模和快速的学习生产化成为可能，并且具备经济性。

AI 驱动的公司会监控它们的模型，以了解模型预测的准确性，通常使用一种被称为 MLOps 的技术。如果模型不再做出准确预测，公司就会使用新的数据重新训练模型并改进其预测。通过这种方式，持续的训练创建了持续学习并适合新数据的更有价值的模型。换句话说，如果世界发生变化，那么公司的预测模型也会随之改变。

一家真正的学习机器公司针对各种模型都会这样做，或者至少是针对重要的模型。该公司采取这种做法，表明其相信自己的模型是值得监控和改进的重要业务资产，认识到模型的准确性可能会随着时间而波动，并且知道可以使用技术来促进模型运维过程。这些正是 AI 驱动的公司希望培养的能力。

当然，组织学习机器也可以从其他类型的 AI 中不断学习。

例如，星展银行推出了聊天机器人，该机器人最初在其印度的数字化银行使用，作为向银行客户提供无须等待、全天候可用的高质量客户服务的一种方式。在 2016 年对一次服务故障进行审查时，管理层要求团队更密切地监控客户服务流程，并在问题产生之前发现问题。

这项挑战激励团队为印度的数字化银行制订了一个新的客户科学计划，他们将实时监控每位数字化银行客户的服务流程。他们会主动寻找客户在使用移动应用软件时遇到困难的痕迹，培养在出现这种情况时进行干预的能力，并为客户提供关于如何继续体验服务的选项。学习是成功的，聊天机器人的学习在印度和新加坡本土市场都得到了应用。

"组织学习机器"这个术语的最终含义集中于这样一个事实，即这些公司始终如一、可靠且不知疲倦。它们在业务转型过程中对 AI 的专注，就像运转良好的机器一样永不停歇。它们投资 AI 基础设施，比如特征存储（用于机器学习模型的、定义明确的变量存储库）和算法库，这些可以在整个公司内多次重复使用。它们确保很多员工也是 AI 的持续学习者。它们并不把 AI 视为一种时尚，而是将其视为一种非常强大的工具——使它们在市场上变得更加高效。

当然，创造组织学习机器的不仅仅是技术，而且是组织

DNA（脱氧核糖核酸）、支持 AI 和数据驱动决策的企业文化、持续试验和创新的态度，以及深入参与其中的员工、客户和业务合作伙伴的结合。实现这些目标的是人类，而不是数据、算法或高性能服务器。在本书里，除了技术能力，我们将同样关注 AI 的人类维度。这是下一章的重点。

总之，有些公司拥有所有这些能力，这是个好消息。我们认为能够与它们交流并撰写与之有关的文章是一种荣幸。但是，我们希望未来还有更多的公司拥有这些能力。或许通过介绍在这方面脱颖而出的公司，我们可以激励本书的读者带领他们自己的公司朝着这个方向发展——即使他们可能无法达到"全力押注"的状态也无妨。

第 2 章

人性的一面

有很多因素会影响一家公司的 AI 能力和成功，这些因素不涉及技术，甚至不涉及数据。领导力、文化、态度和技能都是人类的特征，它们对 AI 的影响不亚于甚至会超过对公司其他方面的影响。如果我们使用机器学习模型来预测一家公司是否会成为 AI 驱动的公司，那么这些特征将对我们的模型产生巨大的影响。

很多 AI 领导者都承认这些因素的重要性。例如，我们采访了一家以生物学为重点方向的学术研究机构——马萨诸塞州剑桥市布罗德研究所（Broad Institute）。该研究所获得了 2.5 亿美元的拨款，用于了解机器学习和生物学之间的联系。我们向该研究所旗下新成立的埃里克和温迪·施密特中心（Eric and Wendy Schmidt Center）的两位联席主管询问，什么问题可能会阻碍他们实现研究目标，他们都首先提到了文化。他们说，AI 研究员（通常是计算机科学家）和生物学家在如何应对智力挑战方面有着截然不同的语言和直觉。他们知道，连接这两个群体对于该中心取得成功至关重要。

当两位主管被问及打算如何解决这些文化问题时，他们表示，团队仍处于探索潜在策略的阶段（这是该中心历史上的早期阶段），其中最重要的策略是举办活动，将两个群体聚在一起，深入讨论这两个领域交界处的机会和抓住这些机会的方法。当然，他们认识到，AI 或生物学协作的变革管理科学可能不如 AI 或生物学协作本身先进。

在采取积极措施解决这些与人类相关的问题之前，我们不太可能在这些问题上取得实质性进展。这可能就是为什么很多公司并没有随着时间的推移而变得更加依赖数据，即使拥有巨额技术预算的大公司也如此。对美国大型公司的调查表明，自称拥有数据驱动文化的公司的比例近年来甚至有所下降。[1] 我们将在本章后面介绍 AI 优先的公司为解决这些问题而采取的干预措施。

所有公司在全面采用 AI 方面取得进展的一个主要因素是能够给予支持甚至对此充满热情的领导者。下面我们将介绍一位 CEO，他在公司的 AI 实施过程中发挥了非常有效的启发和指导作用。

一位 AI 领导者的画像

星展银行集团的 CEO 高博德在保守的银行业工作了近 40
年。然而出于某种原因，他不仅在曾经被称为"该死的慢节
奏"的银行业成功打造出了一家银行巨头，而且还成为高度积
极的 AI 采用者。他的努力有力地说明了企业高管对有效采用
新技术的影响。

高博德于 2009 年进入星展银行担任 CEO，当时该银行的
客户服务在新加坡各大银行中排名垫底。如今，该银行已跻身
服务行业最佳公司之列，并通过收购和有机增长大幅拓展了在
整个亚洲地区的业务范围。它是东南亚最大的银行，其在中国
和印度的业务也不断增长。星展银行曾荣获多个全球银行业大
奖，包括《欧洲货币》杂志评选的"世界最佳银行"、《银行
家》杂志评选的"年度全球银行"，以及《全球金融》杂志评
选的"世界最佳银行"。在数字化银行方面，星展银行两次被
《欧洲货币》评为"世界最佳数字化银行"。

在加入星展银行之前，高博德曾担任花旗集团东南亚和太
平洋地区的 CEO，但他在银行业的根基在于运营和技术。他

曾是花旗集团前 CEO 约翰·里德的得意门生，里德或许是第一位理解信息和技术对行业的重要性的全球银行家，他领导花旗银行的后台业务和消费业务转型为以信息为中心的业务。高博德曾主管花旗银行在亚洲区的交易服务部门，随后晋升为区域负责人。他曾另辟蹊径，设立了一家互联网公司。虽然这家公司很快就失败了，但这表明他既渴望创新，又愿意接受失败。

事实上，高博德表示，他最早在星展银行 AI 方面的努力虽然具有启发性，但还是失败了，他将这些失败描述为该银行的"信号工具"。2013 年，高博德与新加坡的主要公共部门研发机构 A*STAR 签署了星展银行的 AI 实验室协议。星展银行与数据科学家（由星展银行和 A*STAR 委派）签署了一份为期 3 年的合同，共同探索 AI 应用。他们参与了 6 个项目，但都没有成功。不过高博德和星展银行在此过程中获益匪浅。

正如这些早期项目所表明的那样，高博德的 AI 策略之一就是尽早启动这项技术并进行试验。该银行的 KPI（关键绩效指标）之一是每年进行 1 000 次试验，其中很多都涉及 AI。高博德每半年安排两天时间展示试验情况，以鼓励员工更深入地思考如何部署 AI。

他还允许业务部门和职能部门灵活地聘请"准数据科学家"，以这种方式向 AI 试验敞开大门，看看他们能做些什么。

他以人力资源团队为例，说明该试验所取得的积极成果。没有技术背景的人力资源负责人创建了一个内部实验室（即一个规模不大、结构松散的团队），以识别和试点 AI 应用。这个团队开发了"工作智能大师"应用软件，帮助该银行的招聘人员更高效地招聘合适的人才，以满足大量职位需要。人力资源部还开发了一个人员流失预测模型，通过获取员工培训、收入数据、休假模式等信息，预测员工离开该银行的可能性。

众所周知，数据是 AI 的助推剂，很多公司不得不对其数据环境进行重大变革，以使其适合雄心勃勃的 AI 计划。大型企业的 CEO 亲自领导数据转型的情况并不常见。高博德将自己这样做的兴趣和能力归于他在花旗集团的工作，他参与创建了该银行首个数据中心，并学习了数据结构。

星展银行的数据转型效果相当可观。与很多公司一样，它将大部分数据从传统数据仓库迁移到了数据湖——后者的成本要低得多，而且更适合结构化程度较低的数据。此外，星展银行为其元数据创建了新的结构，清理了 8 000 万条不完整的数据记录，针对数据访问权限以及数据获取对象签订了新的协议，并引入了可视化工具以使数据趋势更加明显。

高博德仍在努力解决在哪里存储和处理数据的问题。在过去几年里，该银行基本转向了私有云，但数据量太过庞大，无法全部存储在本地。他们现在采用了混合云的形式，虽然这个举措很复杂，但其基石已经到位，可供团队在此过程中进行实验和迭代。

在高博德的领导下，星展银行还创建了新的数据治理结构。例如，它有一个"负责任的数据使用委员会"，负责检查面向客户的数据是否适合搜集和使用。应用的标准不仅是合法，而且是客户可以接受。该银行奉行"纯粹"（PURE）信条：搜集的数据必须有目的、不令人感到意外、尊重他人、易于解释（Purposeful、Unsurprising、Respectful、Explainable）。

星展银行基于 AI 进行转型的另一个受关注的领域是，银行的人才既包括专业的数据科学人才，也包括银行内部很多潜在的"公民数据科学家"。让高博德感到自豪的是，星展银行目前聘用了大约 1 000 名数据和分析员工，包括数据科学家、数据分析师和数据工程师，其中一些人在一个核心团队工作，但更多的人在该银行的不同职能部门。

多年来，该银行为高级管理人员举办了参与式的"黑客马拉松"活动，让他们思考和实践数字化创新。最近，高博德一直在探索如何激发员工活力、消除对 AI 的恐惧。一名员工提出了鼓励员工参与亚马逊网络服务（Amazon Web Service，AWS）的"自动赛车联盟"的想法，这是一款教授机器学习和强化学习的自动赛车游戏。星展银行采纳了这一想法，希望使用这种方法培训多达 3 000 名员工。高博德本人也参加了比赛，正如他所说："我很高兴最终能跻身我们员工的前 100名。"星展银行的员工表现得非常出色，其中一名员工获得了"亚马逊网络服务自动赛车联盟 F1 ProAm"的冠军。

高博德致力于继续打造星展银行在 AI 方面的能力。他表示，这项技术最终将成为银行业的"赌注"。虽然很多其他银行已经采用了外部厂商提供的 AI 能力，但他致力于在银行内部构建 AI 用例。"我们必须拥有与数字化原住民相同的能力，"他说，"然后我们可以继续创新，在必要的时候与他们展开竞争。"

高博德致力于让星展银行的员工拥抱 AI，而不是担心它可能会抢走他们的工作。到目前为止，星展银行还没有员工因为 AI 失去工作，尽管有些人已经提高了技能水平以改变职务。随着这家银行不断发展壮大，它已经能够通过 AI 在某些领域显著提升效率（比如客户中心使用功能强大的聊天机器人），从而推动其持续增长。不过，高博德承认，尽管他仍然致力于帮助员工提高技能，为 AI 增加价值，但没有人知道未来的 AI到底有多么强大。

关于领导力的经验

从这个例子中，我们可以学到与 AI 领导力相关的什么知识？高博德表现出的几个特征可以推广到其他领导者和其他公司。首先，要熟悉 IT（信息技术），这一点的帮助很大。没有像高博德这样背景的 CEO 当然也可以充分了解 AI 和相关的 IT 基础设施，从而发挥作用，但这需要付出大量的努力。

其次，跨领域开展工作很重要。领导者选择参与的具体举措因公司而异，但在表达对技术的兴趣、建立数据驱动决策的文化、促进整个公司的创新，以及激励员工采用新技能等方面，高级管理人员尤为重要。

再次，领导者要有掌控财务的权力。AI 探索价格不菲，AI 的开发和生产部署成本也非常昂贵。AI 领导者必须投入足够多的资金来保障这两个层面的 AI 采用。值得注意的是，高博德在采用 AI 的早期就打开钱包开始试验，并且不需要太多的财务理由。他认为："太早要求投资回报率会扼杀试验。"最近，他为业务部门和职能部门制定了 KPI，要求他们记录 AI 项目的节省额或回报额。星展银行的个人银行业务本财年的目标是通过 AI 实现 5 000 万新加坡元的回报，高博德对此充满信心。

最后，对于以 AI 为核心的转型，高级领导者亲自参与其中某些方面可能会有所帮助。数据始终是一个重要问题，尽管很少有 CEO 能像高博德那样如此理解数据。

个人参与的另一种可能性是开发一个特别重要的 AI 用例。例如，摩根士丹利的财富管理业务是全球规模最大的，该公司打造了一个基于 AI 的系统，用于向客户提供投资建议。该公司时任首席运营官是吉姆·罗森塔尔，财富管理部门的负责人是安迪·萨珀斯坦，后者现在是该公司的联席总裁。十几年前，罗森塔尔就有了一个类似网飞的推荐引擎的想法，并一直监督其开发工作，直到他从摩根士丹利退休。萨珀斯坦强烈支持这一想法，在他的监管下，随后公司将用于客户参与的通信平台功能添加到一个系统中，这个系统后来被称为"下一步最佳行动"（Next Best Action，NBA）。摩根士丹利的首席数据分析官杰夫·麦克米兰告诉我们，如果没有他们的长期参与，那么这个系统是无法创建的。

我们确定的 AI 驱动的公司中，还有其他一些强大的 AI 领导者。基于其业务的背景和特定的需求，每个人都具有鲜明的特征。以中国平安为例，该公司的创始人之一马明哲拥有经济学和银行学博士学位，并在公司多个金融服务相关的业务部门中积极发掘 AI 的新用例。

盖伦·韦斯顿是加拿大零售巨头罗布劳的董事长兼 CEO。与很多 AI 领导者一样，韦斯顿对科技及其如何重塑零售业务充满好奇。韦斯顿家族拥有罗布劳的大部分股权，并且在该公司 100 多年的历史中一直如此。众所周知，他们以独特的长远眼光著称。最近刚退休的公司前总裁萨拉·戴维斯也形容自己是"一个非常擅长数学的人"[2]。

韦斯顿主导了该公司对 Shoppers Drug Mart 的收购，这是一家大型连锁药店及医疗病历公司。他特别关注数据、分析和 AI 如何改善加拿大人的医疗健康。罗布劳拥有该国最大的医疗健康软件平台，并为其零售店销售的 5.5 万种产品提供营养信息和健康产品推荐。韦斯顿在一次会议上评论说，"个性化健康"是他每天早晨起床的动力。

一些最优秀的 AI 领导者本质上都是技术专家。正如我们所讨论的，星展银行的高博德拥有很强的这种特征。CCC 智能解决方案是一家中型公司，为汽车保险碰撞损伤评估提供数据和基于 AI 的图像分析，该公司占据市场主导地位。公司的 CEO 吉蒂斯·拉马穆尔蒂此前曾担任公司的首席技术官。作为一名技术专家，他能够长期押注技术发展，推动公司朝着几个关键方向发展。他的赌注包括下面这些。

- 很早就将数据迁移到云端，以便在全面的生态系统中存储和处理数据。

- 根据车主使用智能手机拍摄的引导照片，进行碰撞损伤图像评估的调查和最终实施。

- 最近，押注自动驾驶和半自动驾驶的车辆保险将需要来自车内的远程信息处理和 AI 系统的大量数据，以评估事故造成的损失和事故责任归属。

　　AI 领导力还包括对公司业务未来的展望，以及有勇气采取行动来实现目标。在第 7 章中，我们将介绍德勤走向 AI 驱动的路径。德勤是全球最大的专业服务机构，过去该行业一直非常注重专业人才。但德勤的商业、全球和战略服务部门的执行负责人贾森·吉扎达斯负责审视其所有业务部门，并评估它们与未来商业和经济环境的契合度。他认为，未来 AI 将在该机构发挥重要作用，他说服德勤的合伙人大力投资审计、税务、咨询和风险顾问等业务流程，这些流程涉及人与 AI 系统之间的密切合作。德勤尚未宣称自己已经通过 AI 实现全面转型，但它已经有了一个良好的开端。

　　AI 领导力有多种形式，其中共同的特征之一是，这些领导者知道 AI 一般可以做什么，特别是可以为他们的公司做些什么，以及它对战略、商业模式、流程和人员的影响可能是什么。只有了解了这些，他们才能规划有效的领导角色。对于 AI 领导力的其他方面，他们可以依赖自己作为领导者的技能、直觉和情境评估能力。

播下成功的文化种子

对我们介绍的这类传统公司而言，利用 AI 进行转型的最大挑战之一是形成一种文化——强调数据驱动的决策和行为，并且热衷于通过 AI 推动业务转型。否则，即使有少数 AI 拥护者散布在公司各个部门，他们也无法获得利用该技术打造优质应用所需的资源，AI 职能的领导者也无法招募到优秀人才。公司即使打造了 AI 应用，也不会有效地利用它们。简言之，如果没有正确的文化，那么伟大的 AI 技术可能创造不了任何价值。

其中一部分文化建设工作可以与 AI 试验和项目同时进行，有时还需要提供一定程度的正规教育课程。很多公司都启动了数据素养或数据流畅性计划，大量员工（甚至可能是所有员工）都将接受以下几方面的培训：数据类型，如何在分析和 AI 计划中使用这些数据，什么类型的决策最好基于数据，以及数据和理解数据的方法如何有助于公司取得成功。这些努力让公司的所有人都有责任提出、开发、使用数据分析和 AI 工具，从而播下使用 AI 取得成功的种子。

通常，领先的计划有多个组成部分。人们往往需要对数据、分析和 AI 的关键方面进行概念性学习。很多人从体验式学习中学到最好的东西，其中可能涉及模拟或案例研究讨论。初始培训完成后，大多数公司将受益于持续学习，继续强化关键经验教训并解决新问题。

在特定项目层面，变革管理通常涉及的活动包括：确定利益相关方，明确 AI 系统的目标和性能预期，频繁沟通项目进展并演示原型以获得反馈，以及对那些将成为新系统用户的员工进行再培训或技能提升。由于与构建模型和编程相比，数据科学家和 AI 专家往往对此类活动不太感兴趣，因此很多公司都在设置 AI 项目或产品经理岗位，以确保变革管理活动得到应有的重视。

调查数据证明了这类干预措施的重要性。与其他公司相比，大力投资于变革管理的公司报告 AI 举措超出预期的可能性是其他公司的 1.6 倍，实现预期目标的可能性是其他公司的 1.5 倍以上。[3] 德勤在这方面遵循自己内部的思想领导力和建议。2021 年，它启动了德勤 AI 学院，培养和扩充 AI 人才。该学院的愿望不仅是培养自己的 AI 专业人才，而且是在更广泛的经济领域中成为 AI 人才的创造者。

对分析和 AI 部门的领导者来说，他们能利用这项技术取得成功，最重要的原因可能是 AI 的传播和文化转型。迪士尼的分析和 AI 部门甚至用了"传道学"（evangelytics）这个词来强调与公司内部不同受众沟通的重要性，以及说服他们了解分析和 AI 作为商业工具的优势。如果你的公司足够幸运，不需要太多关于数据和 AI 的宣传（虽然这不太可能），那么你可以专注于实施。

在识别、试验和实施 AI 系统时，AI 团队的领导者可以采取的步骤与他们对其他相对较新的技术采取的步骤类似。例如，充分利用早期采用者并进入那些关注度高的领域是可取的。例如，在蒙特利尔银行，AI 人才中心新任负责人张韧最初专注于拥有大量数据的企业中的 AI 用例。[4] 该银行的数字化部门拥有来自客户的大量点击流数据，需要 AI 和分析来理解数据并实现个性化的客户交互。该银行的金融犯罪预防部门还拥有关于客户和员工行为的数据，并且始终对使用最新的 AI 工具来识别和阻止犯罪活动很感兴趣。张韧的 AI 举措较少关注商业中较为保守的部分。例如，商业银行服务的客户比个人银行少，并且商业银行更喜欢个人化色彩，而不是自动化程度更高的流程和交互。信贷风险部门的高管支持使用数据和分析来做出更好的信贷决策，但这方面的业务受到严格监管。

AI 项目的领导者应该寻求并利用来自业务领导者的支持，这样既能确保获得所需的资源，又能让公司其他部门相信 AI 项目背后有管理团队推动。在理想情况下，这项工作应该在启动大型 AI 举措之前完成。例如，当维平·戈帕尔担任礼来公司首席数据和分析官时（该公司正在从事有趣且有用的 AI 工作），他的首要行动之一就是采访整个公司的所有业务负责人。在访谈之外，他建议重点关注 3 个领域的用例。对于每个用例，他都与该领域的领导者讨论成本和收益，并向整个高管团队陈述想法。这些项目均已获得批准，并正在顺利推进，有些已经在部分实施中显示出相当大的好处。当然，AI 的方法越积极，确保利益相关方的坚定支持就越重要。

协调 AI 背后的组织的另一个方面是经常交流实施结果和宣传成功案例。如前所述，星展银行的高博德鼓励每年组织几次活动，展示成功或有前景的 AI 试验。礼来公司的戈帕尔也举办过类似的活动，不仅是为了宣传成果，也是为了在公司内部建立一个由数据专家和 AI 专家组成的社区。尤其是当这些员工身处分散的组织结构之中时，让他们经常聚在一起（至少一年一次）非常重要。这些活动可以重点关注社区建设和学习

AI 相关的新技能与新技术。

对在公司内部领导 AI 工作的人来说，通过将短期价值与长期转型潜力结合起来，保持对 AI 的积极看法非常重要。调查数据显示，很多高管都相信 AI 将对他们的业务和所在行业产生变革性影响。例如，2020 年的一项调查显示，在接受调查的全球高管中，有 75% 都采用了 AI，他们相信 AI 将在 3 年内迅速改变他们的公司。[5]

为了实现这些期望，AI 开发人员应该开发出色的用例并完成应用的生产部署。但是，正如我们所讨论的，目前 AI 的适用领域相对较窄，它通常无法独自处理整个工作，更不用说整个业务流程了。因此，AI 组织的领导者必须宣传自己获得的小成就，并将其置于能够帮助实现转型变革的大背景下。

例如，在我们合作过的一家专注于 AI 的健康保险公司里，AI 团队使用机器学习应用从 PDF 文件中提取会员数据。这似乎只是一项平平无奇的成就，但部分利益相关方将其描述为迈向客户互动转型的一步。从 PDF 中提取数据意味着呼叫中心的代表可以使用这些数据快速确定会员健康计划的详细信息，并更轻松地回答问题。这也是通往对话式 AI 系统的垫脚石，最终将减少呼叫中心的呼叫需求。AI 负责人在讨论该系统时，既强调了短期成就，也强调了长期计划。

对员工进行关于 AI 及未来工作的教育

在 AI 涉及的人性化问题方面，理论上最具挑战性的也许是向员工说明 AI 的能力，以及它未来可能对他们的工作产生的影响。这很困难，其原因有很多：大型公司有很多员工；很难预测在未来几年里，AI 会给工作带来什么样的变化；不同的员工相对于工作有不同的目标和兴趣，所以"一刀切"式的教育举措不太可能成功。

有些公司（通常不是那些全力押注 AI 的公司）将这些挑战作为限制对员工进行 AI 教育的理由。[6] 例如，一家大型国防领域厂商的人力资源领导层用 3 个论点证明了他们的方法是合理的。

1. 公司近期还有很多其他竞争优先事项。投资一个周期如此漫长且影响不确定的事物是否值得？
2. 工作变动和自动化的进展比专家预测的要慢得多。我们能够随着变化而调整。当工作确实发生变化时，这种变化在大多数情况下是任务难度增强或需要新技能，而不是要裁员。这样的变动更容易实现，也更容易规划。
3. 预测存在太多的不确定性，因此我们很可能是错的。

那么无论如何，公司都需要进行实时的调整。

虽然这些论点都是合理的，但我们持不同的观点。我们相信 AI 可以预测工作上的一些变化，或者至少可以让员工更好地为更普遍的工作变化做好准备。虽然任务难度增强确实要比大规模自动化的可能性更大，但任务难度增强可能会导致工作发生变化，员工需要为此做好准备。我们在 2018 年对 AI 采用者的调查发现，82% 的受访者预计 3 年内员工的工作会发生适度或大幅度的变化。[7] 尽管优先事项存在竞争，但我们认为现在是时候对员工进行关于 AI 及其影响的教育了。这可能需要一段时间，所以我们没有什么时间可以浪费了。这些恰好与一些专注于 AI 的公司用来证明其当前行为合理性的想法相同。

当然，一些想对员工进行再培训或技能提高的公司并不确定未来的工作需要哪些具体技能，但它们相信这些技能将以数字化为导向。以亚马逊为例，该公司已承诺投入 7 亿美元进行员工再培训，以确保员工无论是在亚马逊内部还是外部，都具备在日益数字化的就业市场中生存所需的技能。该公司的主要关注点是分布在配送中心、运输网络以及总部非技术性岗位上占总人数 1/3 的员工。公司为配送中心（更容易受自动化影响）的员工提供再培训，使他们获得 IT 支持类技术人员的技能，并为非技术性岗位的员工提供软件工程技能方面的培训。[8]

同样，新加坡星展银行的领导者为员工提供了 7 项数字化技能培训，包括数字通信、数字商业模式、数字技术和数据驱动思维。该项目名为"DigiFY"，旨在提高该银行众多员工的技能。德勤一直致力于使其专业人才精通技术。他们认为，在以 AI 为导向的商业环境中，几乎所有员工都需要了解技术如何运作，以及技术如何与其工作相匹配。这 3 家公司都认为，无论未来的工作岗位发生什么变化，如果员工及企业主能更熟练地掌握数字化技术，那么他们都会过得更好。

有时，这些新技能会带来一些新的职位。星展银行创建了一个"翻译"小组，这些人员以定量为导向，但他们不是数据科学家，他们可以在业务利益相关方和 AI 开发人员之间进行协调。[9]这个职位很重要，已经被广泛讨论，但没有得到广泛设置。星展银行甚至决定为 AI 项目中的每两名数据科学家配备一名"翻译"。星展银行的首席分析官萨米尔·古普塔表示，当这两种角色合作时，数据科学家可以在建模方面进行更多试验，而"翻译"可以确保实际业务问题得到具体解决。

此策略的一个变体是对员工进行数据科学技能教育。这种做法通常涉及与该领域的在线课程提供商合作。以壳牌公司为例，它与优达学城的合作始于 2019 年，当时这家能源巨头意识到公司的数据科学家数量远远不够，无法完成它计划中的所有 AI 相关的项目。公司给拥有 IT 背景的人创建了一个试点项目，然后启动了一个针对石油工程师、化学家、数据科学家和地球物理学家等人的更大的项目。完成优达学城的 AI 纳米学位通常需要 4~6 个月，每周学习 10~15 个小时。截至本书撰写时，已有 500 多名员工完成或正在学习纳米学位课程，另有 1 000 名员工完成了数据素养和数字化素养课程。

与之类似，空客也与优达学城合作，对 1 000 多名员工进行数据科学和分析方面的培训。公司要求员工和他们的经理每周花半天时间进行培训。经理与员工合作，确定一个可以让员工参与的数据科学试点项目，经理监督他们的进度。空客认为培训项目有多重好处，这不仅能够增加可以与 AI 合作的人数，而且还将那些对数据科学和 AI 感兴趣的人组成社群，中央数据科学小组可以与他们合作。培训项目也是在公司内部署 AI 最佳应用的一种手段，而这些应用是让管理者及其业务人员熟悉 AI 的一种方式。

有些公司正试图预测未来工作的性质和从事这些工作所需要的技能。当然，这很难预测或不可能精确地预测。即使可以预测，不同工作之间也会大相径庭。尽管如此，这些公司已经开始预测公司所有工作的未来情形了，包括那些特别有可能受到 AI 影响的工作，以及与未来战略紧密相关的工作。

举例来说，一家积极采用 AI 的美国大型银行宣布将投资 3.5 亿美元，用于与 AI 相关的工作变动的技能再培训，而且该银行对这项举措进行了预测和细化。[10] 该银行正与麻省理工学院及其他地方的研究人员合作，基于一项"机器学习实用性"（SML）评估来了解哪些技能和工作最有可能被 AI 取代。[11] 机器学习实用性分析将帮助该银行为这些工作的变动制订计划，并帮助员工获得新技能，以便员工能适应新工作。有些公司正在根据自身的战略或产品做出具体的工作预测。在欧洲，一个由微电子公司组成的联盟"欧洲技能包"正投入 20 亿欧元的资金，用于培训当前和未来的员工学习电子元件和系统方面的知识。通用汽车（General Motors）正在培训员工制造电动汽车和自动驾驶汽车。威瑞森（Verizon）正在招聘和培训数据科学家和营销人员，以扩大 5G（第五代移动通信技术）无线技术。SAP 公司正在提高员工在云计算、AI 开发、区块链和物联网方面的技能。对特定行业的趋势和方向进行预测，进而引导员工接受再培训，要比对公司进行普遍预测更容易，尽管这些预测也可能会出错。

联合利华是一家目前和未来都严重依赖 AI 的公司，该公司正在采取一种与众不同的方法让员工为未来的工作做好准备。公司并没有试图预测哪些工作会发生变化，而是帮助员工获得对自己职业道路更多的自主权。员工有权对自己的工作和职业做出自己想要的改变，而不是等待着对强加给他们的改变做出反应。联合利华通过介绍可供选择的职业发展路径来促进这一过程，该公司帮助员工选择目标职业并了解从事这些职业所需的技能，然后提供了一系列的内部和外部培训机会，让他们获得这些技能。

同样，通用数字化集团（GE Digital）最受欢迎的一款人力资源工具（AI 在制造业中的一款早期应用），可以向员工展示公司的哪些工作是他们现有工作的自然后续步骤。[12] 员工可以私下查看该工具，以了解他们可以遵循的发展路径、他们可能需要获得的技能，甚至空缺的职位。这有助于员工感受到他们有更多的机会，并对自己在公司的职位有更多的控制权。

对任何人来说，接受任何类型的 AI 及相关领域的教育都可能是一件好事，但通常最好让相关者都参与进来，对高管来说尤其如此。有些公司已经创建了一些项目，涉及为高级管理人员积极调查和开发 AI 相关的项目。例如，星展银行组织了"黑客马拉松"，其目标不是编写程序，而是思考面向 AI

的产品或服务的所有要素。美国道明银行（TD Bank）的财富管理业务部门也有一个类似的项目，即"通过技术加速变革"（WealthACT），项目内容包括访问硅谷、波士顿和蒙特利尔等科技中心，采访客户和了解新产品开发情况。[13]

很明显，AI 驱动的公司已经意识到，AI 不仅仅与技术有关，而且由强大的领导者推动，公司正在建立数据驱动的文化，并且教育员工积极参与自身的 AI 历程。大多数公司可能会证明，AI 技术是最容易的部分，把员工和组织动员起来去探索、打造和使用 AI 才是一项挑战。不过，这些积极采用 AI 的公司已经在很大程度上实现了这一目标。其他公司如果希望将 AI 作为一种竞争武器和业务转型工具，可以将它们作为榜样。

第 3 章

战略

如果你对公司的 AI 战略没有一个愿景，那么你就没有为下一轮技术颠覆做好准备……你需要决定自己的公司在下一波技术浪潮中扮演什么角色，以及你如何将 AI 整合到你的业务中，并成为你所在行业的领导者。

——由英伟达（NVIDIA）的威震天
AI 系统自主撰写

我们通常认为，AI 是数据科学家和技术专家主导的领域，AI 模型需要他们来训练和部署。但在利用 AI 进行转型的公司中，我们还需要一群不同的人参与进来，进行一系列不同的互动。公司应该越来越多地问："AI 如何改善我们的业务？""我们可以利用 AI 创造什么新产品来推动公司的发展？""我们如何通过 AI 赚钱？"这些问题在 AI 驱动的公司里肯定会被提出并得到回答，这是需要在高级管理人员、战略部门甚至战略顾问之间进行的战略对话。

当然，这些对话可能具有挑战性。他们既需要了解业务状况和战略可能性，也需要了解 AI 如何解决或改变这些问题。这就是为什么"对话"是一种正确的说法——没有一个人可以拥有所有的想法，而这些想法将通过讨论和深思熟虑来得到提炼。

公司试图通过 AI 实现的目标有 3 种主要的战略原型。任何 AI 战略都应该在它们希望实现的原型的背景下考虑。下面是 3 种原型。

- 创造新事物，包括新业务与市场、新产品与服务、新商业模式与生态系统。
- 运营转型，在公司现有战略下显著提高效率和优化效果。
- 影响客户行为，使用 AI 影响客户的关键行为，比如他们如何社交、维持健康状况、保持良好的财务状况、驾驶车辆等。

在这一章中，我们将介绍一系列涉及 AI 战略影响的主题，并研究实现这些战略原型的公司实例。我们将讨论的专注于

AI 的公司包括下面这些。

- 涉及新业务或市场：罗布劳。
- 涉及新产品或服务：丰田和摩根士丹利。
- 涉及新商业模式或生态系统：平安、空客、壳牌、SOMPO 和安森保险。
- 涉及运营转型：克罗格公司。
- 涉及影响客户行为：费埃哲、宏利保险、前进保险和 Well。

在这些公司中，有几家同时追求不止一个 AI 战略原型。不过，我们将重点关注它们试图实现的主要原型。

战略原型 1：创造新事物

全力押注 AI 的公司通过 AI 开创了几种新的经营方式。这可能涉及新业务与市场、新产品与服务，以及新的商业模式与生态系统，最后一点也许是来自 AI 的最激动人心的机会。我们将介绍创造新事物的每一种方法，并详细介绍已经采用这些方法的公司实例（在某些情况下提供多个实例）。

新业务与市场

全力押注 AI 的公司不仅利用 AI 来支持其现有的业务，而且利用其促进新业务的创建或进入新市场。它们利用 AI 的现有优势提供新产品与服务，或者以效率更高、效果更好的方式提供现有产品与服务。虽然我们认为这是一个好主意，但多年来的年度"企业 AI"调查结果表明，大多数公司都在用 AI 来改进现有的业务流程。然而，2021 年的调查发现，成就较低的公司（被称为"起步者"和"后进生"）往往更注重效率提升或成本节约目标，而成就较高的公司（被称为"变革者"和"探路者"）更有可能强调以增长为导向的目标，比如提高客户满意度、创造新产品和优惠以及进入新市场。《麻省理工学院斯隆管理评论》的一项分析进一步证明了 AI 创新战略性思维的价值，该分析发现，主要使用 AI 来探索和创造新形式商业价值的公司，与主要使用 AI 来改进现有流程的公司相比，提高竞争能力的可能性要高 2.7 倍。[1]

罗布劳正在利用 AI 推动其在医疗健康行业的发展。该公司以其零售杂货店闻名，是加拿大最大的杂货连锁店。罗布劳一直在积极进军医疗健康领域。2013 年，该公司收购了加拿大最大的连锁药店"购物者药品超市"；2017 年，该公司收购了电子病历提供商 QHR；2020 年，该公司对远程医疗提供商

Maple 进行了少数股权投资。目前，该公司有 2 000 多个可以提供医疗健康服务的场所，以及 150 多家诊所。

不过，罗布劳的领导者经常说，"医疗健康的未来是数字化的"，而且这种定位在很大程度上集中体现在名为 "PC Health" 的应用软件上（PC 即 President's Choice，"总统的选择"，是罗布劳的一个高端零售店品牌）。PC Health 的目标并不是取代加拿大现有的医疗健康服务，这些服务大部分已经国有化。相反，它旨在帮助加拿大人有效地浏览医疗健康系统，并提供医疗服务的"前门"。罗布劳还提供了加拿大最大的客户忠诚计划，PC Health 的用户可以通过"以健康为导向"活动赢得忠诚度积分。未来，罗布劳计划整合 PC Health 与来自可穿戴设备和家庭医疗设备的数据，并通过忠诚度积分奖励健康的行为。

PC Health 中的大部分 AI 都可以通过与 League 的合作获得。League 是一家加拿大初创公司，该公司为特定的健康目标提供个性化的健康建议和量身定制的计划。League 还与企业主和保险公司合作。尽管 League 利用 AI 提供个性化推荐，但它和罗布劳都致力于提供来自药剂师、护士和医生等人类医护人员的健康保健建议。

罗布劳在医疗健康领域的数据资产非常庞大。它拥有电子病历、药房处方数据，甚至广泛搜集的医学影像数据。该公司还了解多数顾客在其杂货店购买了什么食物。鉴于迄今为止所实现的良好体验，罗布劳很可能会继续基于 AI 提供新的医疗健康产品。

新产品与服务

AI 的第二个战略性用途是创造新产品与服务，或者对现有产品与服务进行重大改进。这种趋势在硅谷公司中很常见，它们已经在很多产品中加入了 AI。例如，在谷歌，AI 被嵌入搜索、邮件、地图、家居、翻译以及其他很多产品中。但正如我们所指出的，在产品中加入 AI 对原生数字化公司来说是自然而然的事情。对传统公司来说，以一种有意义的方式将 AI 添加到它们的产品与服务中通常会使它们面临更大的挑战。

新产品中的 AI：自动驾驶汽车

在实体产品中添加 AI，最明显的例子可能就是自动驾驶汽车。不幸的是，完全自动驾驶的概念存在一些问题。事实上，在完全自动驾驶汽车这个话题上，汽车界的热潮正在悄然消退。汽车驾驶自动化与网约车息息相关，在 2020 年年初的新冠疫情时期，消费者似乎对网约车不太感兴趣。[2] 几家自动驾驶汽车制造商宣称为出租车和私家车提供自动驾驶功能，但这些功能已经被停用或推迟，在某些情况下甚至被多次停用。自动驾驶卡车初创公司星空机器人（Starsky Robotics）倒闭了。正如《名车志》杂志一篇文章的标题所说："自动驾驶汽车的制造时间比所有人想象的都要长。"[3]

汽车行业的普遍看法是，自动驾驶汽车的制造进展已经达到了制造目标的80%，但剩下20%的进程将花费与前面80%一样长的时间——大约40年。自动驾驶汽车在一些高度受限的环境中蓬勃发展。例如，在设置了地理围栏、无行人专区、温暖干燥的城市里，比如在美国的菲尼克斯，谷歌的Waymo自动出租车在特定的街道上穿梭，但这些受限的环境中可能没有足够的车辆让这个行业蓬勃发展。

丰田在智能汽车上的策略很有趣。在自动驾驶汽车开发商乃至专注于AI的普通公司中，丰田未必是第一个上榜的。但多年来，它一直在推动"守护者"（Guardian）项目，这是丰田研究所的一个AI项目，致力于让人类驾驶变得更智能、更安全。丰田研究所的CEO吉尔·普拉特多年来一直强调安全性。普拉特在2017年麻省理工学院举办的自动驾驶汽车大会上发表演讲后，托马斯·达文波特在一篇文章中曾写道：

举例来说，他（普拉特）指出，美国虽然只有不到

1%的成年人死于车祸，但青少年死于车祸的比例高达35%。因此，丰田正试图开发一款具有"守护者"模式的汽车，以保护青少年（以及糟糕的司机），使司机免于犯下致命的驾驶错误。该公司还为需要持续帮助的老年司机开发了"司机"（Chauffeur）模式，这一点在人口迅速老龄化的日本尤为重要。[4]

普拉特和丰田研究所仍在致力于推动"守护者"项目和"司机"项目。我们很难从丰田研究所的工作描述中知道他们已经走了多远，其工作描述如下。

加入我们的使命，通过 AI、自动驾驶、机器人和材料科学的进步来改善人类的生活质量。我们致力于打造一个"所有人都能自由移动出行的社会"，让所有年龄段与具有不同能力的人都能与科技和谐相处，享受更美好的生活。通过 AI 领域的创新，我们将：

• 开发独立于驾驶员行为的、不会导致碰撞的车辆。

• 为车辆和机器人开发技术，帮助人们享受更高水平的独立、便捷的移动出行。

• 更快地将先进的移动出行技术推向市场。

- 发掘新材料，让电池和氢燃料电池更小、更轻、更便宜、更强劲。（注：丰田研究所的这项研究也全面依赖于 AI）。
- 开发以人为中心的 AI 系统，以增强（而不是取代）人类决策，从而提高决策质量（如减少认知偏差）和加快创新周期。[5]

在 2019 年的消费电子展上，丰田确实透露了有关"守护者"的一些具体信息，其中一篇新闻稿描述了一种提高安全性的"混合包络控制"方法。[6]细节仍有待观察，但这似乎是一种线控（数字化控制）情况，司机向汽车的计算机提供输入，如果这些输入看起来很危险，那么计算机可以拒绝这些输入。丰田称，这种方法类似于现代战斗机的工作原理。

如果汽车能够否决司机的意图，那么在这种情况下司机会作何反应，现在说还为时过早；这可能超出了某些司机想要的智能和控制程度。不过，对于在变道时方向盘以震动的方式警告司机，或者在近距离感应到物体时由自动制动系统接管，大多数司机似乎并不反对。更激进的"守护者"系统可能只被视为增强司机能力的一种延伸。

当然，这一切都只是一种战略。战略的实施将对"守护者"的最终成败产生重大影响。尽管公司表示最近主要关注的是"守护者"，但以防万一，丰田公司和丰田研究所也在研究"司机"项目，这是一种完全自动的方法。普拉特表示，安全功能将在 21 世纪 20 年代推出，这似乎比推出完全自动驾驶的预测要现实得多。丰田还有另一个先进的司机辅助系统，其品牌名称叫"队友"（Teammate），该系统被配置到一些 2022 年的车型上。这个系统可以提供半自动巡航和停车功能。

为什么这对丰田来说是一个好的战略？我们看到过很多解释。丰田以生产高度可靠的汽车而闻名，这些汽车每年都通过丰田生产系统稳步改进，而且这种汽车智能化方式非常符合该公司的企业文化。关注安全问题也更有可能在实现完全自动驾驶之前带来一些经济回报。汽车制造商和风险投资机构已经在完全自动驾驶项目上投资了 160 多亿美元，但这些资金似乎不太可能获得短期回报。出于安全考虑，父母或年纪较大的司机可能会因为其配备了"守护者"功能而购买丰田汽车。可以肯定的是，为汽车添加基于 AI 的自动功能或提高司机安全性是一项长期任务，但相比于完全自动驾驶，丰田的"守护者"项目将 AI 应用于汽车似乎是一个更好的短期选择。

同样，空客公司多年来一直致力于提升普通飞机和直升机的视觉导航能力，包括滑行、起飞和着陆等过去没有包含在飞机自动驾驶系统中的一些操作。虽然空客已经实现了各种类型的自动空中航行，但它并不打算用这些 AI 工具来取代人类飞行员。相反，公司的重点是飞行协助和更高的安全性。

新服务领域的 AI：财富管理

AI 还可用于提供差异化服务和提高服务价值。这通常意味着以差异化的、更智能的方式提供与之前相同的服务。例如，10 多年前，时任摩根士丹利首席运营官的吉姆·罗森塔尔有一个想法，即一个类似"网飞"的推荐引擎可以帮助摩根士丹利的财富管理集团实现财富管理产品的差异化。摩根士丹利拥有庞大的财富管理业务——其管理资产的规模在全球排名第三，仅次于瑞士联合银行和瑞士信贷，但它以传统的方式专注于利用人工的财务顾问为客户提供建议。[7]

从罗森塔尔提出推荐引擎的想法以来，摩根士丹利就一直在致力于开发"下一步最佳行动"系统，为公司的财务顾问提供可以向客户展示的财务见解。该公司尝试了多种 AI 技术，最终决定选择机器学习来识别投资、感兴趣的行动以及与特定客户的相关性。该系统最初于 2017 年推出时，唯一受关注的点是创造个性化的投资机会。"下一步最佳行动"系统允许财务顾问在几秒内为客户确定个性化的投资理念，以前这项任务需要大约 45 分钟。当一名财务顾问平均有 200 名客户时，那种人工方法就不太可行了。

"下一步最佳行动"系统可能会在一天内生成 20 多条可能的客户建议，但由财务顾问决定是否发送。比如，它可能会告诉持有某种特定债券的客户，该债券的评级已下调，然后推荐一种替代方案。它也可能说，财务顾问注意到客户的账户刚刚增加了 10 万美元，请客户联系财务顾问讨论投资思路。如果共同基金或交易所交易基金的管理发生变化，那么系统可能会建议顾问联系客户，讨论是否继续持有该基金。在纳税年度即将结束时，它可能会向客户提出一些税务筹划方面的注意事项。在这种情况下，"下一步最佳行动"系统可以将客户的投资组合管理方式过渡到更积极的方向。

摩根士丹利的"下一步最佳行动"系统还根据与贝莱德及其阿拉丁财富风险管理平台的合作关系，就投资组合的风险水平和问题提出建议。它持续筛选客户投资组合中各种类型的风险，如果阿拉丁发现高等级的风险，那么"下一步最佳行动"系统会通知客户，并建议客户与其财务顾问进行讨论。

自 2017 年以来，摩根士丹利还重点关注"下一步最佳行动"系统的客户参与和沟通功能。财富管理部门的管理团队认为，财务顾问取得成功的主要方式是与客户频繁接触。"下一步最佳行动"系统（现在包括一个客户端通信平台）则为这一过程提供了便利。正如该公司首席分析官杰夫·麦克米兰在接受采访时所说的那样："我们用一种非常复杂的机器学习算法来识别客户感兴趣的主题。但归根结底，财务咨询是一场以人为中心的游戏。系统通常只需要提醒客户顾问就在那里，并且时刻关注着客户。"

对"下一步最佳行动"系统的使用是自愿的，并非所有财务顾问都使用这套系统，因此他们不可能将受管理资产的表现或其他财务措施的效果都归因于"下一步最佳行动"系统或通信平台。但杰夫·麦克米兰表示，使用该系统的顾问效率更高，因为他们可以更快地提出相关的投资建议，而且其客户参与度也更高。在新冠肺炎大流行期间，这套系统尤其有用。仅仅在因疫情封锁的前两个月，财务顾问就向客户发送了超过 1 100万条信息。财务顾问虽然无法与客户进行面对面交流，但可以在网上与客户互动。

其他高端财富管理公司有时会说，AI 无法管理包含艺术品、大宗商品或私募股权等另类投资的客户投资组合。但麦克米兰告诉我们，这不是一个好的借口。

有些人认为，这些工具只适合"大众富裕"群体，而不适合超高净值的个人。他们的论点是，这些人的数量太少，工具无法提供值得信赖的建议。但我们可以根据客户的个性化行为和特征来推动特定的机会。如果没有足够的数据用于机器学习，那么我们可以使用业务规则，或者一种测试和控制方法，来查看正在生成的反馈内容。

麦克米兰评论道，这不是一个系统，而是一种很难被竞争对手复制的经营方式。他赞扬了管理系统和流程的跨职能方法，以及富有远见并长期坚持这一想法的高管们。除了对已经退休的罗森塔尔之外，麦克米兰还对财富管理部门前负责人、摩根士丹利现任联席总裁安迪·萨珀斯坦表示了赞扬。在我们看来，麦克米兰也值得高度赞扬，因为他让"下一步最佳行动"系统成为现实。

新商业模式与生态系统

在过去的几十年里，AI 一直在促进新的战略和商业模式，尽管从中受益的大多数是原生数字化公司。当然，这对它们来说效果很好，它们的多边平台（它们在其中管理买家和卖家之间的关系）一直在快速增长，并且利润丰厚。顾问巴里·利伯特对商业模式类型的研究表明，在所有商业模式中，多边平台的估值是最高的，其年收入估值乘数是某些传统商业模式的 4 倍。[8]

AI 在让平台商业模式发挥作用方面承担着重要作用。数据来自平台的所有参与者，而机器学习有助于将客户与他们需要或想要的产品与服务进行匹配。客户产品可以通过 AI 实现个性化。数以百万计使用平台的客户需要智能客服和聊天机器人所提供的高效客户服务。因此，脸书、爱彼迎、亚马逊、谷歌、优步、阿里巴巴、腾讯以及其他领先的平台在将 AI 应用于自身业务方面已处于世界领先地位，这就不足为奇了。

不过，AI 驱动的传统企业也开始开发 AI 驱动的基于平台的商业模式。它们正在增加新的业务并创建新的业务生态系统，以实现增长、搜集数据、吸引和服务新客户。[9] 对它们来说，AI 成为减少客户摩擦的主要手段。我们 2021 年的调查发现了 AI 领导者采用生态系统方法的证据。该调查发现，生态系统更加多样化的公司使用 AI 的可能性是其竞争对手的 1.4 倍，并与竞争对手形成了差异。此外，调查中成就最高的两个 AI 用户群体（即变革者和探路者）更有可能拥有两种或多种生态系统关系（两个成就最高的群体的比例都是 83%，两个成就最低的群体的比例分别是 70% 和 59%）。此外，拥有多元化生态系统的公司更有可能为 AI 设定变革性的愿景，制定全公司范围的 AI 战略，并将 AI 作为一种战略差异化因素。这些调查结果不一定涉及成熟的平台，但创建一个生态系统是实现这一能力的第一步。

AI 驱动的生态系统：平安

对于 AI 驱动的生态系统，最好的实例也许是中国的平安集团。平安集团在 1988 年起步时是一家保险公司，但现在它将自己描述为一家领先的消费金融服务公司，其通过综合性金融服务平台提供产品和服务。公司的业务包括金融服务、医疗健康服务、汽车服务和智慧城市服务。

以医疗健康为例，平安的医疗健康生态系统将政府、患者、医疗服务提供商、医疗保险公司和技术联系在一起。在医疗健康服务方面，它使用 AI 相关的服务来帮助医生诊断和治疗 2 000 多种疾病。截至 2021 年 9 月，该业务已服务 4 亿名用户，通过 2 000 多名内部医疗团队成员和 46 500 多名外部医生累计提供了 12 亿次就诊服务。它与 189 000 多家药店、4 000 多家医院和 83 000 多家其他医疗机构合作。这些数字不仅说明了中国的人口规模庞大，也说明了数字化平台商业模式可能带来的快速扩张。

虽然这个生态系统的主要价值是发展业务和提供有效的医疗健康服务，但它对于积累洞察力以训练 AI 模型也至关重要。通过适当的许可和授权，平安医疗健康生态系统可以从医疗费用支付方获取理赔和支付数据，从医疗健康服务提供方获取治疗数据，从药房获取处方数据，从患者那里获取症状数据，以及从其他生态系统成员那里获取其他类型的数据。到 2020 年，平安已经掌握超过 3 万种疾病的数据和超过 10 亿份的就诊记录。总的来说，平安的商业模式包括该公司首席科学家肖京所说的"数据的深海"。

平安还通过其智能医疗健康部门提供放射影像分析服务，该部门是其智慧城市生态系统的一部分。它辅助医生和医疗专家的影像读取系统将诊断时间从 15 分钟缩短到了 15 秒，它还允许平安搜集更多标记过的影像，这有助于改进其影像分析机器学习模型。

我们可以介绍其他生态系统中类似的协同效应和增长。医疗健康与智慧城市的关系只是平安发展生态系统战略的一个例子。例如，在 2020 年，其 3 700 万名新客户中有 36% 是通过其生态系统获得的。截至 2021 年 6 月，在平安超过 2.23 亿的个人客户中，有近 62% 使用了医疗健康生态系统的服务。平均而言，这些客户比其他客户拥有更多的账户和更多的资产。中国平安表示，它正在寻求生活方式金融服务与医疗健康服务生态系统之间的进一步联系。

空客、壳牌和 SOMPO 的新兴生态系统

我们发现，其他几家 AI 驱动的公司也在追求构建生态系统和平台，但都处于比平安更早期的阶段。目前，它们仍在探

索商业模式和收入模式，但正在寻找数据共享和集成方法，并开始开发 AI 应用来分析数据。

以空客为例，它在 2017 年推出了"智慧天空"。这个开放数据平台是与全球大数据巨头 Palantir 合作建立的。其目标是成为所有主要航空参与者使用的参考平台，以提升它们的运营绩效和优化业务成果，并支持航空公司的数字化转型。目前的商用飞机每天可以产生超过 30GB（吉字节）的数据，测量飞机周围的 4 万多个运行参数。到 2021 年，"智慧天空"覆盖了 140 多家航空公司和 9 500 多架联网的飞机。

自"智慧天空"推出以来，空客的分析和 AI 专家利用所有的可用数据开发了一系列附加应用："智慧天空"运行状况监控、"智慧天空"预测性维护和"智慧天空"可靠性。所有这些应用的目标都是提高机队的业绩，并最终消除计划外维护。

"运行状况监控"整合了来自飞机的所有实时数据，可以分析设备事件并确定其优先级，从而更快地做出决策。它还可以帮助航空公司了解在哪里找到需要的零部件；正如很多其他行业所使用的那样，"预测性维护"使用数据和机器学习来预测飞机的部件何时需要维修，而不是定期维修；"可靠性"提供了有关设备的详细指标，可以识别整个机队的技术问题并确定其优先级。空客还维护着一个全球跟踪数据集，航空公司可以订阅该数据集来跟踪自己和其他航空公司在世界各地的飞机。

空客通过其 OneAtlas 卫星图像和分析服务，在其国防与航天业务部门建立了一个更加开放的生态系统。它的卫星图像以及深度学习模型（由空客及其合作伙伴开发）允许用户对物体进行检测和分类，并识别随时间而发生的变化。这些非常准确的地理空间分析范围覆盖从土地利用和变化检测到经济活动分析和监测等各个方面。这些功能还可以进一步用作构建模块，为国防、测绘、农业、林业以及石油和天然气等垂直领域开发专题服务。它们既可以完全由空客提供，比如 Starling（森林砍伐）和 Ocean Finder（海事），也可以由空客和拥有深厚行业经验的合作伙伴共同开发：Preligens 用于监控防御设施，可以自动监控全球数百个敏感设施，并自动生成报告；地球监测的轨道洞察（Orbital Insight for Earth Monitor）用于监测基础设施和土地使用的变化，速度近乎实时，并且可以对汽车、卡车和飞机进行识别和计数；4 Earth Intelligence 用于分析空气质量，以及绘制陆地和海洋栖息地的地图；Sinergise 和 Euro Data Cube 用于衡量新冠肺炎对欧洲经济和社会的影响。空客集团领导 AI 规划和战略的罗曼里克·雷顿在接受我们采访时表示："使用 OneAtlas 空间图像系统所能做到的事情是多种多样的，远远超出了空客单独所能做到的。因此，我们的方法是构建一个开放的生态系统，其中包含正确的构建模块，以支持优秀的合作伙伴进一步开发应用。"

另一家已经建立了多个生态系统的面向 AI 的公司是 SOMPO（损保控股有限公司），这是一家总部位于日本的大型保险和老年人护理公司，该公司也与 Palantir 合作，并对其进行了大额投资。SOMPO 的战略目标是使用数据和 AI 来实现安全、健康和福祉方面的社会转型。鉴于此，该公司最近建立了以下 5 个（而不是一个）生态系统。

- 移动出行（汽车保险长期以来一直是公司关注的焦点）。
- 护理（SOMPO 是日本最大疗养院的所有者和经营者）。
- 健康老龄化（鉴于日本的人口结构状况，这是一个重要问题）。
- 复原力服务（针对企业和政府）。
- 农业（子公司 SOMPO 国际提供农作物和天气保险）。

上述生态系统的负责人兼 SOMPO 的首席数字官楢崎浩一告诉我们，该公司希望在每个领域都使用 Palantir 的方法，在生态系统的参与公司（包括竞争对手和合作伙伴）之间进行数据整合。SOMPO 将会开发 AI 应用来分析数据并为数据提供增值。自 2015 年起，该公司一直在拥抱 AI，并推出了多项针对移动出行和护理的应用。该公司还希望通过对初创公司的投资来获得 AI 方面的帮助，比如它投资了日本的深度学习初创公司 Abeja 和美国初创公司 One Concern，后者拥有一个基于 AI 的"复原力平台"。它还成立了一家新的数字化子公司 SOMPO Light Vortex，负责向其他公司销售数字化和 AI 应用。

壳牌公司也在建立一个新的生态系统，专注于能源行业基于 AI 的转型。[10] 该生态系统被称为"开放式 AI 能源计划"，其目标是通过 AI 提高能源行业和其他大型工业企业的效率，并特别关注可靠性解决方案。到目前为止，该生态系统中的技术合作伙伴包括：C3.AI，一家专注于工业 AI 应用的软件及服务供应商；微软，将用于整合壳牌的云服务；以及贝克休斯，一家行业领先的能源技术和油田服务公司。

每个初始合作伙伴及后续生态系统成员都将为该计划提供 AI 应用和能力。这种安排是以物易物的形式：AI 产品是通过公平的价值交换参与计划的关键。该计划接受的每一项应用都将在 C3.AI 平台上运行。就像壳牌公司数字化创新和计算科学负责人丹·杰文斯所说的那样，它最终将成为"过程工业的应用商店"。杰文斯还表示，该生态系统还计划共享数据，"运营商多年来积累的丰富数据资产对于解决一些最棘手的数字化问题至关重要",该计划拥有"基于开放标准的标准化数据模型"[11]。

我们目前还不清楚"开放式 AI 能源计划"对其成员的商业影响是什么,而且与其他一些 AI 驱动的生态系统所解决的问题相比,维护是一个相对狭窄的业务流程。在维护上的合作可能不会引起反垄断方面的担忧。然而,该计划正在扩大范围,涵盖能源公司如何向可持续能源转型、优化油气田开发以及减少管道和油井泄漏等问题。

安森保险的数字化健康平台

安森保险是另一家接受平台商业模式的 AI 驱动的公司,也是一家行业领先的、致力于改善社区的健康保险公司,该公司通过其健康计划系列产品为超过 4 500 万名消费者提供服务。多年来,安森保险一直致力于数字化和 AI 战略。其目标之一是以数字化的方式将会员与医疗健康供应商和会员需要的服务连接起来,而不是像一些竞争对手那样仅仅提供医疗健康服务本身。这一目标在一定程度上由 AI 决定。

安森保险的 CEO 盖尔·布德罗公开谈论了这一战略。在公司 2021 年的投资者大会上,她说:

我们曾经是一家传统的保险公司,现在已经成为一家数字化健康平台……此平台战略以数据为基础，在整个价值链上部署预测分析、AI、机器学习和协作，为我们的消费者、护理服务提供者、企业主和社区提供主动、个性化的解决方案。通过利用这些数字化能力，我们将基于安森保险广泛的制药、行为、临床和复杂护理资产及算法等产品组合，提供综合的健康解决方案。我们的数字化平台和多元化资产不仅将在内部支持和加速安森保险的发展，而且将越来越多地满足外部客户和合作伙伴不断增长的需求。

对安森保险来说，转向数字化健康平台是一个长期的历程，但该公司已经交付了一些 AI 支持的功能。安森保险成立了一家名为氢健康的公司，与黑石集团和 K Health（一款医疗应用程序）合作，开发了一款用于症状检查的手机应用，用户可以通过该应用了解其他有类似症状的人是如何被诊断和治疗的。然后，该应用会就是否应该咨询医生为会员提供建议。如果他们需要，它会提供一次低成本的远程医疗咨询；如果他们不需要，它会提供自我治疗或其他使其了解更多信息的方法。截至2021 年，此症状检查应用的交互已超过 52 000 次。

安森保险还在追寻另外一种战略原型——影响客户或会员的行为，帮助他们过上更健康的生活。安森保险实施的一种方式是跟 Lark 合作，Lark 是一家提供健康咨询服务的初创公司，其基于个性化推荐和 AI 会话的服务集成在安森保险的智能手机应用之中。该应用会发送信息，其中包括针对糖尿病、心血管疾病、糖尿病前期、戒烟、压力、焦虑和体重管理等问题的措施。该应用安全地使用来自安森保险会员的声明以及连接的医疗设备（如血压袖带、体重秤和血糖仪）的数据进行远程监控。如有必要，Lark 会为客户安排一次与人类健康教练的实时电话交谈。超过 200 万名患者正在接受 Lark 的建议，而且研究表明，生活方式干预可以在各种临床领域取得引人注目的效果，例如降低血糖和预防糖尿病。[12]

基于生态系统的 AI 应用的业务达成与开发

对于大多数这样的生态系统（平安是个例外），AI 应用的业务集合比实际开发要多，早期的关注点一直是跨组织边界的数据整合。为了使这些生态系统和相关商业模式取得成功，参与其中的公司需要做到下面几点。

- 建立强大的内部能力来开发 AI 应用。
- 与具备 AI 能力（可应用于它们的问题）的外部厂商合作。

- 解决生态系统成员（作为传统竞争者）之间出现的协作与竞争问题。
- 确定如何分配新商业模式带来的经济收益。

简言之，公司既有更多的业务要达成，也有更多的开发要做。鉴于这项活动的不确定性，以及可能出现的外部情况（比如潜在的监管干预和限制），我们很难知道这些生态系统未来将如何发展。但是，鉴于平安集团成功的商业模式，在不久的将来，AI 驱动的生态系统当然有可能在全球经济中发挥重要作用。

战略原型 2：运营转型

除了促进新战略、新市场和新商业模式之外，AI 还可以仅用于运营转型——使现有的、定义明确的战略更加成功。如果一家公司希望其供应链管理人员能够按时完成产品的市场进入，希望其营销人员能够吸引顾客购买，希望其销售人员能够拜访有意向的客户，希望其人力资源管理人员能够招聘到合适的人才，那么所有这些目标都可以在 AI 的帮助下实现。

让克罗格公司效率更高、效果更好

克罗格公司及其数据科学、洞察力和媒体方面的子公司84.51°提供了这种战略执行的一个实例。2017年，这家大型百货连锁店宣布了"克罗格货品重整"战略，以期公司能够更好地在不断变化的商业环境中进行有效竞争。在该战略的4个主要组成部分中，有两个在很大程度上依赖于分析和AI。在一篇介绍该战略的文章中，数据、分析、通过AI实现个性化以及84.51°公司得到了重点关注，特别是在下面第一个目标中。

重新定义食品和百货店的客户体验。

克罗格将加快数字化和电子商务行动，"通过（内部机构）84.51°将其在客户数据和个性化方面的专业知识应用于业务的更多方面，并以自有品牌产品的出色增长为基础"。

- 数据和个性化：使用购物者数据"为客户创造不同体验"。克罗格每年都会提供超过30亿条个性化推荐。
- 数字化：内容目标不仅包括提供功能信息，还包括通过食谱和产品的相关内容提供"灵感和个性化发现"。
- 空间优化：克罗格将"利用客户科学，做出空间规划决策，以打乱货架布局、优化产品组合并改善库存"。
- 自有品牌：克罗格将"继续投资以开发最受欢迎的品

牌"。自有品牌产品的销售额在 2011—2017 年增长了 37%，达到 205 亿美元。

- 智能定价：该公司将继续进行一项自 2001 年以来投入超过 40 亿美元的投资，"以避免因价格而失去客户"。[13]

除了专注于自有品牌以外，上述举措都是数据、分析和 AI 密集型的。在其第二个战略性目标"扩大合作伙伴关系以创造客户价值"中，克罗格还提到要扩大物联网传感器、视频分析和机器学习网络，通过机器人技术和 AI 进行互补创新，以改变客户体验。

我们应该注意到，鉴于之前对生态系统的讨论，克罗格公司用这个词来描述它与消费品供应商之间的数据驱动型关系。同样，该公司的所有或大部分战略性举措都依赖于 84.51° 的数据、分析和 AI 能力。发布新战略的同一篇文章还特别提到了该机构，甚至引述了时任负责人斯图尔特·艾特肯（现任首席商务及营销官）的话：

与此同时，克罗格的内部分析和营销子公司 84.51° 推出了克罗格"精准营销"，这是一种"跨渠道媒体解决方案"，旨在扩大零售商的个性化沟通计划。

该计划将利用克罗格公司所掌握的 6 000 万个购物者家庭（遍布 2 800 家商店和 35 个州）的购物数据，创建并执行"在扩展的数字化生态系统中的整合营销活动"……"此平台推动了'克罗格货品重整'计划的两个部分：重新定义食品和百货店的客户体验，以及扩大合作伙伴关系以创造客户价值，"84.51° 的 CEO 斯图尔特·艾特肯说，"正如我们将通过这个平台所做的那样，增强个性化并创造替代收入来源是重点领域。"

当描述该战略的文章突出提及提供这些能力的部门以及若干具体举措时，这无疑表明数据和 AI 对于该公司的战略至关重要。在文章转述的投资者会议演示材料中，"数据和科学驱动模型"可能是最突出的主题，会议材料还详细阐述了"通过数据了解客户"。[14]

2021 年，克罗格公司宣布了其新战略："以创新引领潮流，以数字化加速发展。"[15] 该公司在向投资者做业务陈述时，再次提到将其客户服务的个性化作为"竞争力护城河"，并表示在 2020 年，该公司每周都提供了 110 亿条个性化建议——如果没有 AI，那么这是不可能实现的。在数字化履约方面，该公司还宣布与英国厂商 Ocado 合作建立首个基于机器人的客户履约中心，这是即将建成的 20 个中心中的第一个。Ocado 与世界各地的多家零售商合作，但它在美国与克罗格公司建立了独家合作伙伴关系，克罗格还参与了该公司的少数股权投资。Ocado 表示，它启动了多个 AI 项目，包括下面这些。

- 每天 2 000 万条需求预测，以减少商品缺货和食物浪费现象。
- 预测食物何时到达配送中心，以获得最佳新鲜度。
- 发现临近保质期的食品并打折销售或捐赠。
- 高度个性化的数字化订购体验。
- 仓库机器人的 AI "空中交通管制系统"。
- 袋式包装机器人的计算机视觉和规划系统。
- 优化送货车辆的负载和时间。[16]

克罗格公司显然依赖 AI 来执行其业务战略。如果没有 AI，其中一些战略是不可能实现的；有些则可以通过 AI 做得更好、更快或成本更低。这家零售商的首要任务是利用 AI 改善现有业务，同时它也在利用这项技术及数据开展新业务（比如精准营销），以及推动新的生态系统。

战略原型 3：影响客户行为

AI 的一个最新战略性目标是影响客户行为。随着 AI 对谷歌、脸书、TikTok（抖音海外版）和其他社交媒体供应商等公司产生了惊人的商业和行为影响，这种原型可能已经引起了人们的关注。这些公司在改变客户的购买、社交、信息消费、信息共享和其他行为方面取得了巨大成功——有些是预期之中的，有些则不然。从财务角度来看，预期的行为已经让这些公司取得了巨大的成功和快速的增长，而非预期的行为已经引起了包括立法机构在内的很多观察者的关注，包括政治和社会两极分化、传播错误信息、分散注意力、网络暴力、不安全感、抑郁等。正如众多研究人员所描述的那样，这些公司使用的 AI 算法与客户的积极和消极行为密切相关。[17]

我们关注的不是这些原生数字化公司，也不是它们在客户中引发的积极或消极行为。然而，其他类型的公司已经注意到，数字化平台、详细数据和 AI 算法可以改变其他类型的行为。在大多数情况下，这种方法仍处于早期阶段，但传统公司和初创公司都在尝试通过 AI 来改变客户行为。

公平地说，这种影响行为的方法并不是什么新鲜事。它由费埃哲率先推出，该公司于 1958 年创造了第一个信用评分。

然而，市场接受的速度较慢，直到 1975 年，费埃哲才为富国银行开发了第一个信用提供者行为评分系统。信用评分是机器学习最早的商业应用之一，它使用借贷和支付数据的统计分析来确定哪些因素与偿还贷款相关，然后使用所生成的模型对每个具有信用记录的消费者进行评分。

费埃哲试图针对消费者进行监控和改进的指标是财务责任，包括按时支付账单、不使用太多信用卡、不维持高额支付余额等行为。费埃哲不仅在为数亿人计算信用评分方面表现非常出色，而且在其他方面也做得很好，比如说服金融服务机构在贷款决策中采用该评分，向信用评分持有人传达他们的评分是如何计算的，以及如何才能提高评分。

由机器学习创建的信用评分现在已与各种其他类型的评分相结合。例如，前进保险的 AI 行动（我们将在第 6 章进一步介绍）基于"快照"项目的远程信息处理数据来计算驾驶评分（尽管分数会被转换为消费者的字母等级）。[18] 费埃哲现在也提供安全驾驶评分。我们在本章已经讨论了 Lark 和安森保险的合作伙伴关系，而 Lark 就为健康状况计算了各种评分。我们在第 7 章将介绍另外一个例子：一家名为 Well 的初创公司创建各种健康状况的评分，以及一个总结处方药物治疗依从性的评分。宏利保险及其附属公司约翰·汉考克以及世界各地的其他寿险公司通过机器学习来监控并尝试改变客户的健康行为，从而帮助他们变得更健康。所有这些项目（除了信用评分）都处于相对早期的阶段，但它们显示出了改善相关行为的潜力。这些保险公司同时依赖于海量数据和针对每位客户的评分流程，因此如果没有机器学习，它们就不可能实现这些目标。

战略性 AI 的流程

企业如果要通过 AI 推动新的战略、商业模式和客户行为，那么自下而上地管理这项技术就没有意义。对这些公司来说，像 AI 这种变革性的、至关重要的资源从定义上讲是具有战略意义的。如何在业务中使用这些资源，应该成为高级管理者和战略团队关注的重点。战略团队应该在公司内部协助决定 AI 用例的优先级，以及其对产品、流程和合作伙伴关系产生的影响。

AI 和战略应该以两种主要方式联系起来。第一，正如我们在本章中所讨论的，是 AI 如何影响或支持业务战略。如果它可以改进产品和服务、增强商业模式、转变客户渠道、优化供应链等，那么它就应该成为公司战略性考虑的一部分。

第二，是为 AI 本身制定一个战略。关于如何使用和管理 AI，公司必须做出很多关键决策，包括如何构建或购买 AI 能力、从哪里寻找关键人才、开展哪些项目，以及 AI 举措如何与数字化平台和流程相关联。所有这些决策都影响战略，也受战略影响，因此应该在战略层面进行讨论。

德勤 2021 年"企业 AI"的现状调查显示，战略的某些方面是 AI 领导者的典型特征。那些在 AI 领域走得最远的受访者更有可能认同这样一种观点：他们拥有 AI 战略，并且通过 AI 的使用从竞争对手中脱颖而出，他们的高级管理者阐明了 AI 的愿景将如何改变运营，以及他们的 AI 举措对公司在未来 5 年保持竞争力很重要（见图 3-1）。

针对这些战略陈述，选择"完全同意"或"非常重要"的受访者百分比

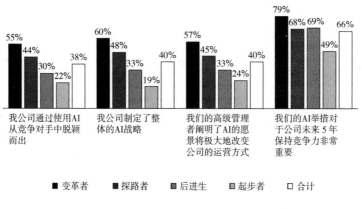

图 3-1　领先的 AI 战略实践

要想让 AI 以适当的方式对战略性决策产生影响，企业需要满足以下前提条件。

- 对高级管理人员进行 AI 教育至关重要。对于包含 AI 的战略流程，参与战略性规划的高级管理人员需要熟悉不同的 AI 技术及用例。以 AI 为中心的战略是商业举措与 AI 能力的"匹配"过程，参与者需要了解这两个方面。战略职能部门或 AI 人才中心可能希望支持正式或非正式的教育举措，以确保广泛的参与，以及介入业务战略中与 AI 相关的部分。

- 在战略性流程中，企业需要将 AI 和其他技术的有利影响纳入战略性替代方案的考虑范围。这可能需要改变战略规划的方法。例如，一家公司可能会问："如果我们使用机器学习更好地预测了客户行为，那么我们可以通过营销计划得到什么？我们如何通过对话式客服来实现客户服务的转型？"如果没有内化 AI 能力的思维过程，企业就不可能实施富含 AI 的战略举措。

- 除了构想之外，只有当公司实际部署执行所需 AI 任务的系统时，AI 才会被嵌入公司的产品和流程中。在战略与 AI 开发部署周期之间建立联系对于战略性 AI 系统至关重要。战略团队需要影响 AI 项目的优先级排序，并且应该有能力监控 AI 项目的进展。

在本章中，我们考虑了 AI 与战略之间的 5 种关联性——新业务与市场、新产品与服务、新商业模式与生态系统、新客户行为和运营战略执行。一些大公司，比如平安、克罗格和安森保险，实际上可能采用三四种不同的原型。但在 AI 驱动的公司里，重要的是 AI 可以为公司的业绩提高或增长做出实质性贡献。否则，我们很难说 AI 真正发挥了作用。虽然 AI 及相关技术可以帮助公司实现改进，但它们有时也会成为改进的障碍。这就是第 4 章的主题。

技术和数据

请注意，在提及任何重要的技术之前，我们已经从组织和领导力方面对以 AI 为中心的公司进行了介绍。AI 的人性化方面是最具差异化和关键性的，而且通常也是最具挑战性的。然而，一家公司如果不全面使用 AI 技术，就不可能在 AI 方面取得伟大的成就，并且一家公司如果没有大量数据，那么几乎什么也做不了。我们认定的每一家全力押注 AI 的公司都是如此，本章将介绍它们的技术环境。

为了技术本身而采用技术，这从来都不是一个好主意，但我们将介绍的 AI 驱动的公司对其 AI 技术举措设立了明确的业务目标，具体如下。

- 通过创建全面的 AI 工具包，支持全面的 AI 用例。

- 利用自动化机器学习等工具，更快、更好地构建应用。

- 实现大规模 AI 部署。

- 管理和改进数据，实现模型训练和其他目的。

- 处理传统应用和复杂的技术架构。

- 为 AI 构建或采购高性能计算基础设施。

- 利用 AI 改进 IT 运维。

我们将以一家以 AI 为中心的公司为例，对这些目标进行逐一说明，并介绍该公司采用了哪些技术来实现这些目标。

使用工具包中的所有工具

在 AI 方面展开竞争的公司意识到存在很多不同的 AI 技术，对于所有这些技术，它们通常都愿意使用。不同的技术适用于不同的用例，全面且深入地采用 AI 的公司拥有广泛的用例和适用的技术。例如，星展银行在其大约 150 个不同的 AI 项目中使用了广泛的技术。

对任何银行来说，预防金融犯罪都很重要，星展银行已经在高级分析和机器学习方面进行了投资，以打造更好的预防系统。基于规则的系统通常被认为已经过时，但它们在防欺诈和反洗钱系统中很常见，星展银行将它们用于此目的。但是，该系统常见的一个不足之处是误报过多——在星展银行的误报率高达98%。因此，该银行的交易监控团队构建了一个机器学习模型，该模型使用更多银行数据，并对可疑案例进行优先级排序。每个案例都会被计算风险评分，风险最低的案例将进入休眠状态，并由团队继续监控其风险模式的变化。交易监控团队还开发了一种网络链接分析功能，使用图形数据库来分析潜在欺诈者之间的关系，使用机器学习来检测可疑的网络，并使用开源技术为该公司开发了一个新的数据流平台。

星展银行使用各种类型的机器学习，将其用于信用决策的神经网络、图像和语音识别的深度学习模型，以及预测自动柜员机现金损耗和中断的传统机器学习模型。深度学习算法并未被银行监管机构广泛接受并用于信用模型，但星展银行正在与监管机构合作，试图将其精确性应用于银行决策。

星展银行的所有这些 AI 技术都需要配套的基础设施，星展银行已经投资了其中的很多技术。该银行对其数据架构进行了转型，并创建了一个名为"ADA"（Advancing DBS with AI）的新数据平台。这个平台拥有包括数据摄取、信息安全、存储、治理、可视化，以及 AI 或分析模型管理在内的各种功能。该平台的目标是随着时间的推移，在创建和维护新的 AI 模型时实现尽可能多的自助服务。星展银行还将其很多 AI 和分析系统迁移到混合云，以实现更高效的数据处理。

当然，专注于 AI 的不同公司需要不同的技术来打造它们的用例，并实现它们的业务目标。但是，一家大公司不太可能仅仅依赖于单一的 AI 方法或技术。

更快、更好地打造 AI 应用

如果你的公司已经将 AI 作为未来的关键项目，那么你可能希望事情进展得更快一些。具体来说，你希望更多的数据科学家能更快地开发出新的 AI 算法。你的运气不错，技术的发展让专业数据科学家和公民数据科学家都越来越有可能构建新模型，这些模型在机器学习或根据过去的数据预测未来方面表现出色。

你也许不熟悉机器学习的基本方法，但机器学习做的正是这些事情。正如我们之前所指出的，监督式学习是商业中最常见的机器学习类型，它使用训练数据集的大部分数据来训练模型，使用来自该数据集的其他数据来测试模型，然后使用生成的模型对不属于训练数据集并且结果未知的额外数据进行预测或分类。开发良好的模型通常在预测方面做得很好，但其开发和部署可能是劳动密集型的。要做好模型开发，这通常涉及特征工程，或者需要测试各种不同版本的特征或变量；另外，还需要时间来解释不同的模型，并需要时间来编写代码或 API（应用程序编程接口），以部署模型并将其与其他系统进行集成。无监督式学习通常用于聚类无结果变量的相似案例，这种方法在商业中虽然不太常见，但已经开始流行起来。

不过，我们现在可以通过 AutoML 来执行所有这些步骤（甚至无监督式学习也有 AutoML 版本）。克罗格公司旗下的子公司 84.51° 正在使用 AutoML 开发一种"进行机器学习的机器"，它可以在相对较少的人工干预下构建和部署大量模型。84.51° 的网站上提供了一些具有启发性的数据事实，它代表其零售商母公司及其生态系统合作伙伴传达了它们数据科学工作的巨大规模和范围：

- 拥有超过 1 500 家消费品公司、代理机构、内容出版公司和商业合作伙伴。
- 覆盖美国近一半的家庭。
- 2021 年提供 19 亿项个性化服务。
- 利用超过 35PB（千万亿字节）的第一手购物者数据和超过 20 亿笔的年度交易量。
- 分析了 20 亿个顾客的购物车。

在第 3 章，我们介绍了克罗格公司在多大程度上依赖于这些工作来推动其战略举措。84.51° 在数据科学方面探索的广度和深度也揭示了公司采用尽可能最佳的 AI 技术、工具和方法的重要性。

目前，84.51° 的机器学习方法源自一项被称为"嵌入式机器学习"的计划。数据科学经理斯科特·克劳福德从 2015 年开始领导这项计划。该公司现任总裁米伦·马哈德凡是公司内部流程和产品自动化的倡导者。将机器学习与广泛使用 AutoML 纳入其中，是从临时建模及分割到自动化流程的逻辑发展，后者通过效率和提高准确性产生价值。84.51° 采用了 AutoML 的工具和流程，但这是在重新设计的机器学习流程及文化的更广泛背景下进行的。

AutoML 为企业的机器学习能力提供了各种潜在好处。与很多公司不同，84.51° 的机器学习并非基于单个训练数据集及对应模型的静态过程。相反，模型通常要基于新数据重新进行训练。例如，推动商品订购和库存管理流程的"销售预测"会根据最新的数据每晚改进其模型。时任 84.51° 首席科学家的保罗·赫尔曼和他的团队开发了这种涉及自适应估计量的方法，因为他们意识到，这对于有效地对复杂且不断变化的人类行为（如购物偏好）进行建模非常重要。

嵌入式机器学习最终成为一项正式使命，其不仅仅采用AutoML，而且更广泛地支持、赋能和参与公司更好地使用和嵌入机器学习。"支持"意味着提供基础设施（如服务器、软件和数据连接），以高效地使用和嵌入机器学习；"赋能"涉及确定最佳的机器学习工具集和训练分析师，以及使用那些工具的数据科学家。在评估了50多种工具之后，84.51°选择了R、Python和Julia作为其首选的机器学习语言，并选择了DataRobot（德勤的合作伙伴，托马斯·达文波特推荐的公司）作为它的主要AutoML软件提供商；"参与"意味着通过多个概念证明、推进代码共享或示例（通过促进共享的代码存储库Github）以及咨询来展示、宣传其好处，从而激励内部客户使用这些工具。

嵌入式机器学习计划的另一部分是为机器学习的使用提供标准方法。其内部开发的方法被称为"8PML"（84.51° Process for Machine Learning），在非厂商的公司中并不常见。斯科特·克劳福德表示，该方法大量借鉴了一些公开可用的数据挖掘过程，但为了更好地适应84.51°特定的用例和环境而进行了定制，它包含3个主要组成部分：解决方案工程、模型开发和模型部署。

解决方案工程

在搜集了必要的训练数据后，公司的大多数机器学习工作都集中在了模型的开发上，但 84.51° 感兴趣的关注点更加广泛。该公司的领导者意识到，未部署的模型不会提供任何经济价值，而错误地分析问题可能弊大于利。8PML 从解决方案的工程阶段开始进行分析，明确项目的商业目标并与可用资源进行比较。例如，项目的商业目标可能需要定期更新和快速部署大量模型，而无需必要的预算和人员配备。过去，解决方案工程需要重新思考问题，以保持在资源限制范围内。AutoML 技术可以大大减少这些资源限制。解决方案工程仍然是必要的，但解决方案的范围已经拓宽。

模型开发

在该方法的模型开发阶段，我们要分析数据、设计变量或特征，并确定最适合训练数据的模型。使用 DataRobot 的 AutoML 大大加快了这一阶段的速度，从而提高了数据科学家的工作效率。这让他们能够腾出时间来适应更多模型或将更多精力投入流程的其他高价值方面（如解决方案工程、特征工程等）。该技术还使得技术水平较低的数据科学从业者也能够生成高质量的模型，而不再需要详细了解哪些算法适用于某些分析，AutoML 接管了这个功能。

由于将算法与问题相匹配以前是专业数据科学家的工作，因此他们通常不信任 AutoML 或认为它无法创建有效模型。在 84.51°，一些经验丰富的数据科学家最初担心，未来他们在算法和方法方面来之不易的深厚知识会变得没有价值。公司的领导者强调，新工具将使人们更高效地完成工作。随着时间的推移，事实证明确实如此，现在经验丰富的数据科学家对使用 DataRobot 工具几乎没有任何反对意见。

AutoML 在 84.51° 的最初重点是提高专业数据科学家的生产力，但该公司还使用自动化工具来扩大可以使用和应用机器学习的人数。84.51° 一直在发展其数据科学功能，以满足快速增长的建模和分析需求，从而解决复杂的业务问题。对任何公司来说，找到训练有素的数据科学家都是一项挑战，因此 84.51° 采用 AutoML，让那些没有接受过传统数据科学训练的人也能够创建机器学习模型。84.51° 现在定期聘请"洞察专家"，他们虽然在机器学习方面的经验不多，但擅长沟通和呈现结果，而且具有高度商业化的头脑。在 AutoML 的帮助下，传统模型开发中的大量活动（如确定用例和探索性分析）现在也可以由这些洞察专家来完成了。拥有更多统计和机器学习经验的数据科学家可以将时间集中在需要更深入专业知识的机器学习方面，也可以花更多的时间给那些经验较少的人提供培训和咨询。

模型部署

84.51°的第三个机器学习方法的组成部分是模型部署，这也是最后一个方法。模型部署是将所选模型部署到生产系统和流程中。考虑到克罗格公司的机器学习应用规模庞大（例如，销售预测应用在随后两周的每一天都为 2 500 多家商店里的每一件商品创建预测），该流程的这一阶段至关重要。正如斯科特·克劳福德所指出的那样，围绕部署（或他所说的"生产化"）所产生的问题常常被低估：

在承担 84.51°促进使用机器学习的职务之前，我的工作经历包括在美国最大的保险公司之一和全球最大的银行之一构建和部署模型。我所有经历的一个共同点是，"生产化"通常是机器学习项目中最具挑战性的阶段。生产部署的要求通常会严重限制可行的解决方案。例如，生产化可能需要以特定语言（如 C++、SQL、Java）交付代码或满足严格的等待延迟阈值。

AutoML 工具可以通过生成嵌入模型的代码或 API 来帮助

完成部署过程。例如，84.51° 经常利用 DataRobot 输出 Java 代码的能力来进行数据预处理和模型评分。

如今，很多公司都在尝试 AutoML 和相关工具，但是 84.51° 和克罗格公司已经将这种 AI 方法提升到了新的水平。嵌入式机器学习计划、AutoML 工具的标准化以及三阶段机器学习方法都有助于打造"进行机器学习的机器"。模型的构建、开发和部署方式与管理良好的制造型企业打造实体产品的方式相同。未来我们可能会看到这种类似工厂的机器学习方法的众多实例，但 84.51° 现在已经在实践了。

逐步扩大规模

对很多采用 AI 的公司来说，一个关键的挑战是如何达到足够大的规模，以便在运营和绩效方面有所作为。技术可以帮助公司实现这一目标，不过就像我们前面介绍的其他 AI 目标一样，完整的答案是将技术与其他变革（如新的流程和新参与的人群）结合起来。

我们在 2021 年进行的调查通过多个题目探讨了大规模 AI 运营的问题。在 AI 上取得较高成就的公司（被称为变革者和探路者）比两类成就较低的公司（起步者和后进生）更有可能（高出的概率通常约为 25%）同意进行大规模 AI 运营，因为它们已经采用了几种不同的 AI 运营实践，以促进 AI 的规模化和持续管理。这些实践包括：AI 模型的记录流程或生命周期，使用 MLOps 来管理生产中的模型并确保其持续有效性，管理 AI 的新团队结构和工作流程，以及设置新的工作角色（包括产品经理、数据工程师和机器学习工程师）来最大限度地推动 AI 进步（见图 4-1）。

针对这些运营陈述选择"完全同意"的受访者百分比

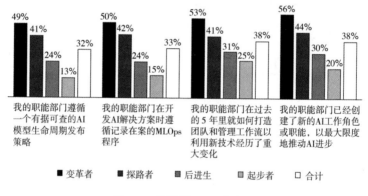

图 4-1　领先的 AI 运营实践

壳牌是一个例子，它既需要扩大 AI 规模，又具备快速实现这一目标的能力。该公司正在利用 AI 实现几个不同的商业目标：更快地提高对地下环境的了解，最大限度地提高新油田和现有油田的回收率，提高现有资产运营的效率和能效，以及为客户提供低碳解决方案，比如优化电动汽车充电，以及将可再生能源集成到电力系统之中。

维护过程尤其需要大规模，这样才能发挥作用，因为壳牌的所有设施中有数十万台设备需要维护。壳牌的数字创新和计算科学部门负责人丹·杰文斯表示，为了在该领域实现规模化，该公司不得不采用多种技术和方法。一种方法是使用预测性维护，这是一种用于预测设备何时性能下降或出现故障的技术，而不是在标准间隔进行维护或等待设备出现故障时才进行维护。壳牌的高管深信，预测性维护可以使设备更加可靠，维护更加高效，并有助于提高过程的安全性。

杰文斯认为，AI 对预测性维护模型（通常会在每个需要监控的组件上采用监督式机器学习）的需求超过了任何一个集中化的数据科学家团队所能处理的能力。因此，壳牌决定招聘并培训在 AI 技术方面与工厂和设备一起工作过的工程师，以便他们将来能够在自助服务的基础上开发、解释和维护预测性维护模型。

目前，壳牌 AI 社区的外部核心团队成员已经超过 5 000人（2013 年内部核心团队只有 30 人），未来还会有更多人加入，他们中的很多人是负责创建和监督预测性维护模型的工程师。壳牌与优达学城合作，创建了 AI 方法和技术的在线培训。

杰文斯表示，来自压缩机、仪器、泵和控制阀等设备的数据被汇总到一个中央数据平台，迄今为止已有"1.9 万亿行数据"。壳牌还与微软合作，使用其云服务 Azure 来处理这些数据，并使用 Databricks 的数据湖软件 Delta Lake 进行存储。

工程师现在可以使用定制的 AutoML 工具来生成模型，并且已经接受了验证所选模型的技能培训。他们还可以在模型投入生产后随着时间的推移对其进行维护，并确保使用 MLOps 工具仍能进行良好的预测。杰文斯将其描述为工业领域中"世界上最大的 MLOps 应用之一"。这两者都是我们在第 3 章中介绍的生态系统的一部分，该生态系统是壳牌与 C3.AI 及贝克休斯共同开发的。

每天有超过一万台设备受到监控，基于 AI 的预测性维护模型对其数据进行评估，而且这个数字还在以每周数百台设备的速度增加。杰文斯说，从事这项工作的工程师往往喜欢学习机器学习的过程，由于他们了解设备，所以这些工程师非常适合解释模型并对其进行操作。

考虑到壳牌公司开发和维护模型的人员的多样性，以及在公司范围内共享资产的目标，对他们来说，使用相似的流程进行 AI 和系统开发非常重要。壳牌与微软合作，提供开发工具和方法，包括 DevOps（用于集成开发、IT 运营、质量管理和网络安全的一种方法和工具集）、Azure Boards（用于跨团队规划、跟踪和讨论开发工作的仪表盘）、Azure Pipelines（用于自动化系统开发和部署的一套工具和流程）和 Github。这些工具的广泛使用使得壳牌能够共享代码和算法，并快速成功地部署它们。

在预测性维护以外的领域，壳牌已经采用了一些类似的方法——扩大 AI 的参与度、使用通用流程，以及与外部供应商合作。该公司还使用了其他技术，例如，在管道维护方面，壳牌利用无人机上的摄像头拍摄管道照片，然后利用深度学习模型来检测潜在的维护问题。AI 图像识别的准确率接近人类检查员，并且检查所需的时间要少得多。在壳牌公司的一些工厂，人类员工用了 6 年时间才检查完所有的管道，而无人机和 AI 系统可以在几天内完成。然后，人类检查员（有时在远程站点）可以确认由深度学习图像识别模型做出的判断，并确定优先级。工厂只需要数量较少的现场检查员，由他们进行更高级的核查。虽然检查员需要一些具有说服力的理由才能相信无人机或 AI 方法的准确性，但他们现在已经开始采用新流程了。

壳牌还在地下勘探过程中寻求 AI 带来的变革。壳牌意识到其地下数据分布在多个孤岛中，不易进行分析，因此创建了一个地下数据宇宙。但壳牌的高管很快意识到，其地下勘探业务的很多合作者也需要访问这些数据。

壳牌及其业务合作伙伴创建了一种我们在第 3 章中以壳牌和其他公司为案例讨论过的方法——数据和算法共享的生态系统。"开放地下数据宇宙"生态系统仅有几年的开发历史，但其规模已经相当庞大。它由 160 多家公司组成，覆盖能源公司、技术厂商、顾问和学术研究人员。它的主要重点是跨组织的数据交换，但它也是共享模型、应用程序、平台和培训资料的工具。该生态系统共享关于地震、油井、油储和生产等信息的数据，并且每种数据类型都有相应的标准。

其他 AI 驱动的公司根据自身的情况也有不同的方法来拓展 AI，而且它们并不都是由技术驱动的。例如，联合利华最大的挑战是将 AI 的用例扩展到该公司开展业务的 100 多个国家和地区。随着它在供应链、精准营销、定价和促销等领域推出高级分析和 AI 的新功能，联合利华与每个国家的领导者（至少是大型市场的领导者）合作定制其模型，并将其与本地系统和流程集成。

例如，在印度，联合利华向 90% 的家庭销售产品，但很多消费者习惯从当地的小型杂货店购买产品——印度国内各地有数百万家这样的小店。从历史上看，产品分类是基于联合利华过去运送到商店的产品的。但现在，联合利华的数据科学家已经开发出了数千种模型，根据过去的销售额、当地的消费模式、商店附近的生活水平以及不断增长的产品类别（甚至竞争对手的产品类别）定制商店的商品分类。

这些模式和颗粒度级别在印度效果很好，但对于那些人们习惯在大型连锁杂货店（如美国的克罗格公司）、购物俱乐部（如美国的开市客和山姆会员店）、大型超市（如法国的家乐福）或便利店（如日本的 7–Eleven 便利店）购物的国家，做法完全不同。联合利华的数据、分析和 AI 部门主管安迪·希尔告诉我们："对我们来说，业务规模化不是开发模型的问题，而是在全球范围内进行变革管理和部署的问题。"

管理用于训练 AI 的数据

数据是机器学习取得成功的前提，没有大量的好数据，模型就无法实现准确的预测。每一家认真对待 AI 的公司都必须在某个时候对数据进行处理——结构化或重组，将其放在一个通用平台上，并解决整个公司的数据质量差、数据重复和数据孤岛等棘手问题。可以说，大多数公司在扩展 AI 系统时遇到的最大障碍就是获取、清理和整合合适的数据。

我们已经介绍了几个主要的数据计划：第 2 章中高博德参与了星展银行的数据转型，以及本章前面介绍的星展银行的

ADA 数据项目和壳牌搜集的大量预测性维护数据。关于联合利华，我们也可以说类似的话。这家公司一直致力于开发一个用于分析和 AI 的、基于云的新数据平台。与壳牌一样，他们也采用了湖仓一体的架构，将非结构化数据的数据湖与商业智能应用的一些传统关系数据结合起来。这是公司数据的"单一事实来源"，使联合利华能够轻松扩展存储库并处理密集的分析和 AI 工作负载。

面向 AI 的公司的数据环境具有以下几个特征。

- 大多数都基于云端。它们提供便捷的访问、可扩展至更多计算能力的灵活性，以及多种 AI 应用软件工具。一些积极的 AI 用户（如第一资本等）声称，数据迁移到云端之后，这些公司在数据存储和基础设施管理方面投入的时间缩短、精力减少，因此它们能够显著提升其对 AI 的关注度和 AI 能力。如果出于某种原因，一家公司需要在本地计算和存储（例如出于安全、低延迟或监管目的），那么该公司可以在该环境下使用相同的 AI 技术。
- 使用的数据是机器可读的。数据通常需要被提取、分类和准备，需要是结构化的（通常是数字的行和列，或者至少是分类的文本字段），以便为 AI 做好准备。公司需要从传真、手写笔记、语音记录、图像和视频等格式中提取关键数据，以便从数据中获得更深刻的见解。

- 涉及内部和外部数据。公司正在分析地理空间、社交媒体、天气、图像和其他类型的外部数据，并将其与自己的内部业务数据进行比较。内部数据可以以传统的行和列的格式进行存储和分析，而外部数据可以以其创建时的任何形式存储。不过，即使是非结构化数据类型，其最终也需要转换为数字的行和列来进行分析。

- 集中化。我们交流过的大多数 AI 优先的公司都尝试摆脱本公司之前维护的很多数据孤岛，并转向一个数据平台来处理分析或 AI 使用的几乎所有数据。有些公司正在转向数据网格或数据结构环境，以集成来自公司内多个来源的数据，但这尚处于 AI 历程的早期阶段。

- 侧重点不同。出于 AI 和分析的目的，各公司都在强调数据供应链中涉及消费的一些后续步骤，而不是它们之前强调的对数据获取、搜集和存储的关注。[1] 很多公司还强调创建供内部或客户使用的数据产品，将数据和分析或 AI 模型结合在一个产品中。

- 使用新系统。需要数据来实施 AI 的公司也越来越深刻地发现，它们需要 AI 来支持数据。例如，它们正在使用概率匹配机器学习系统来组合不同数据库中关于相同产品、客户或供应商的数据。AI系统也在一定程度上帮助了数据准备，指出数据质量问题，并提出解决方法。AI系统还可以创建自动化的数据目录，帮助数据用户找到他们需要的东西。德勤咨询公司的首席数据官胡安·泰洛也指出，AI可以帮助公司遵守法规，比如欧盟的《通用数据保护条例》（GDPR）和美国的《加利福尼亚州消费者隐私法案》（CCPA）。AI可以帮助公司确定哪里可能发生侵犯隐私的行为，并在某些情况下解决这些问题。[2]

- 正在增加团队成员。尽管公司得到了AI的一些帮助，但数据整理仍然是劳动密集型的工作。因此，很多公司现在都在AI团队中加入了数据工程师。他们的作用是构建高质量、大容量的数据环境，以便能够训练AI模型，并有可能将其应用于数据生产。执行这些任务可以解放数据科学家，让他们将更多精力放在算法开发和功能工程上，并加快系统的部署。

毫无疑问，数据平台将继续是AI取得成功最重要的先决条件之一。但是，我们所介绍的方法的兴起，有可能显著提高AI的数据管理效率。

传统应用和体系架构的负担以及应对方法

AI 技术的一个重要问题（即使不那么令人兴奋）是如何处理传统的业务应用和复杂的现有技术架构。如果要完全部署做出预测或建议的 AI 系统，或者那些促进用户与计算机系统交互的 AI 系统，公司就需要将其与业务系统集成。很多公司都有一些陈旧、分散的传统系统，这使得集成具有挑战性。在很多情况下，它们需要对这些系统进行现代化改造，以便将 AI 能力与其集成在一起。

大型传统企业还拥有复杂的 AI 架构和技术堆栈。对整个公司内部有大量 AI 活动且欠缺强有力的中央协调的公司而言，情况尤其如此。由此产生很多 AI 技术能力相互重叠的问题。领导者甚至很难知道谁在公司内部使用什么，以及如何对所有这一切进行统一和管理。有这种情况的公司通常拥有多个云系统、多个 AI 开发工具和很多联盟，所有这些都削弱了工作的灵活性，取得的效果也不甚理想。因此，这类公司必须控制这些不同的架构，并随着时间的推移对其进行简化。

健康福利公司安森保险就是一个有用的例子，部分原因是它展示了这项任务发人深省的本质。几年前，我们在安森保险首次开始研究和咨询这个问题。2017 年，时任安森保险首席信息官汤姆·米勒在德勤的一次会议上发表了讲话。当时，德勤正与安森保险紧密合作，帮助安森保险建立 AI 优先的机制。米勒介绍了安森保险如何管理其传统系统。

他表示，安森保险的业务架构核心是（现在仍然是）理赔引擎，该公司每年要处理逾 10 亿宗理赔。2017 年，安森保险对理赔引擎进行了现代化改造，将多个系统（其中几个是通过收购并入公司的）整合到了一个平台上，使关键服务实现模块化（注册、计费、定价等），并将 AI 功能集成到核心系统和流程中。公司的目标是实现包括机器学习洞察力、客户界面的对话式 AI 和机器人流程自动化等在内的认知能力，为此公司还专门成立了一个认知能力办公室。

随着安森保险继续其现代化改造工作，该公司一直在将理赔整合到一个核心系统中，并使其过渡到一个具备 API 的云平台。云平台将推动跨系统的互操作性，增强其提高效率的能力，并通过 AI 节省成本。这些改变正在顺利进行，但公司的架构方法已经发生了一些变化。我们的德勤前同事拉吉耶夫·罗南基在 2018 年成为安森保险的首席数字官，现在担任安森保险平台业务总裁。他表示，安森保险的大部分 AI 功能将通过 API 提供，公司并未将其构建到业务系统的代码之中，公司技术环境的变化被纳入一系列的 3 年计划中。

在接下来的 3 年计划中，安森保险制定了雄心勃勃的技术目标。自动化将是重点，目标是实现公司 50% 的工作任务自动化。下一个计划的目标还包括让 90% 的与利益相关者的互动实现数字化和 AI 基础化。

我们认为，安森保险的 3 年计划是将传统架构转变为基于 AI 的架构的好方法。任何一家长期背负技术债务的传统公司都无法立即重建一切。即便它们可以重建，随着 AI 变革的步伐向前迈进，当新的技术架构完成时，这可能也有点儿过时了。关键是要设定明确的目标，并在多年变革计划的每一步展示明确的价值。

AI、数字化和智能运维

根据德勤对 AI 活动的年度调查，近年来最流行的 AI 应用之一是 IT 本身。AI 和自动化能力可以预测和诊断网络及服务器中的问题，而自动化程序可以让它们恢复正常运转。这种 AI 用例可能看起来属于自反馈，但它实际上已经成为很多公司的关键能力。如果你公司的业务依赖于 IT 和数字化能力，那么你需要利用所有可以使用的工具来确保这些资源的可用性。

AI 在 IT 运营中的应用一直被称为"IT 自动化"，但最近被称为"面向 IT 运营的 AI"或"智能运维"。智能运维涉及软件和 IT 设备数据，以确定问题区域并实现 IT 运营的自动化。随着公司变得日益数字化，这项技术并未取代人类 IT 运营人员，但它有助于将此类工作的增长限制在合理的水平。

空客是一家专注于 AI 的公司，已经拥抱了智能运维。该公司拥有几十万台 IT 设备，这些设备日益成为飞机和其他产品生产中不可或缺的一部分。如果关键 IT 设备出现故障，或者没有立即可用的备用设备，那么生产可能会中断。该公司正在使用 AI 来预测和防止 IT 设备停机，并缩短修复时间。空客公司还使用智能运维来监控向"智慧天空"开放数据平台（在第 3 章中介绍）进行的信息传递。

空客公司已经与软件公司 Splunk 合作，以监控其生产过程中众多不同的机器及其网络安全环境。在 18 个月的时间里，空客开发了一个全球数据融合平台，每天监控来自 20 万个数据生成资产的 20TB（太字节）数据。该监控系统有超过 120 种不同的应用，其中很多都具有机器学习能力。它们会评估 IT 资产是否以最佳水准运行、出现问题时可用的备用组件，以及内部或外部数据泄露或内部安全威胁的可能性等问题。没有 AI 的帮助，任何公司都无法跟踪并成功管理所有这些数据和应用。

空客的数字化历程并非独一无二。很显然，拥有大量数字化业务的公司应该确保其端到端的 IT 和数字化基础架构始终可用或尽可能可用。AI 驱动的公司也是数字驱动的公司，它们需要智能运维来保持数字化"燃料"的应用。

构建高性能计算环境

AI 技术不仅仅涉及软件。计划进行大量 AI 开发的公司需要打造一个合适的硬件环境，通常被称为高性能计算环境，其中包括一些能够并行高速执行的数值计算系统。最常见的是，基于深度学习的 AI 模型使用可在云端和本地部署配置中使用的 GPU（图形处理单元）。GPU 最初是为电子游戏开发的，特别适用于图像、视频和自然语言处理。公司还需要大量的存储空间来存储训练机器学习模型所需的大量数据，并且可能需要低延迟架构来对模型进行实时评分。其他类型的 AI 方法需要强大版本的常规处理器。

例如，德勤与英伟达合作成立了德勤 AI 计算中心，英伟达提供了支持 GPU 的 DGX A100 系统，以证明新的用例，与客户共同创新，并通过使用这种先进的 AI 基础设施创造和销售新产品和服务来实现增长。

AI 技术的变革步伐

AI 技术可能是所有信息技术领域中变革最快的。成千上万的研究人员在探索新的模型和 AI 方法，成千上万的知名厂商在试图将这些成果转化为产品。特定的厂商，尤其是初创公司，会随着时间的推移而走向衰败。任何一家公司都不应该指望自己能为 AI 建立一个存在 10 年的技术环境。在 AI 领域，持续监控外部产品及其与内部需求是否匹配至关重要。

我们认为，每一家大公司（当然包括那些已经成为或渴望实现 AI 优先的公司）都应该指定一些聪明的人来跟踪 AI 的技术趋势，尝试新技术，并在它们看起来符合公司的需求时予以引入。这些人不需要是出色的数据科学家或 AI 工程师，但他们确实需要了解 AI 领域的关键技术，以及它们如何支持用例和业务需求。

最后一点是，在本章几乎所有关于公司用来推进其 AI 应用的技术讨论中，我们也提到了它们所做的其他类型的组织变革，即人员、流程和技术——旧的"三驾马车"，我们可能会在此基础上增加战略和商业模式的变革。AI 技术是很强大的，但如果没有业务、组织和文化上的变化，那么它就没有用处。

第 5 章

能力

对于任何类型的重大商业变革，管理上都有一句陈词滥调——"这是一段历程"，这句话也适用于基于 AI 的业务转型。没有哪家公司会一下子全面而深入地采用 AI。这需要试验，逐步发展能力，不断调整和启动，面对错误和挫折以及公司内任何重大变革的所有其他特征。重要的是，公司如何逐步建立可持续的 AI 能力。

在本章中，我们将介绍这些能力以及它们是如何打造出来的。我们将介绍一些公司实现各自追求的 AI 原型的具体历程，以及提升 AI 能力的一些一般性原则。我们会指出，一些公司可能想走捷径。我们还会提到，一些公司在它们的计划中遇到的陷阱，你可能希望避开这些陷阱。在这一章的最后，我们将讨论合乎伦理、值得信赖的 AI 能力，以及如何将它们付诸实践。

通往 AI 驱动的一般途径

全力押注 AI 的道路并没有为人们所熟知，我们估计只有不到1%的大公司符合我们对"全力押注"的定义。但是，实际上几乎每项业务能力都有对应的能力成熟度模型，AI 也是如此。提高 AI 成熟度取决于多种因素，包括下面这些。

- 公司内部 AI 用例的广度。

- 所采用的不同 AI 技术的广度。

- 高级领导者的参与程度。

- 数据在公司决策中的作用。

- 可用的 AI 资源范围——数据、人员、技术。

- 相对于 AI 试点或试验，生产部署的范围。

- 与业务战略或商业模式转型的联系。

- 确保以合乎伦理的方式使用 AI 的政策和流程。

能力成熟度模型往往有 5 个层级，我们认为没有理由偏离这个标准。往往第 1 层的能力较弱，第 5 层的能力较强，我们在第 1 章中介绍的能力级别在这里以层级的形式进行复述。

- AI 驱动（第 5 层）。拥有我们上面介绍的所有或大部分构成要件，完全实现并发挥作用——业务建立在 AI 能力之上，正在成为一台学习机器（参见后文）。

- 变革者（第 4 层）。还没有实现 AI 驱动，但在此历程中已经走得比较远，已经具备一些特征，拥有多个已部署的 AI 用例，并为公司创造了大量价值。

- 探路者（第 3 层）。已经启动此历程并取得了进展，但仍处于早期阶段——已部署部分系统并取得一些可衡量的积极成果。

- 起步者（第 2 层）。正在进行 AI 试验——这些公司有计划，但要取得进展还需要做大量工作；很少或没有生产部署。

- 后进生（第 1 层）。已经开始尝试 AI，但尚未进行生产部署，而且收效甚微，甚至没有实现任何经济价值。

我们也可以用"第 0 层"来描述没有采取任何 AI 行动的公司，但在成熟经济体的大公司中，这肯定是少数情况。这与其他成熟度模型的关键区别在于，我们为 AI 的使用提供了 3 种可供选择的原型，无论工作重心是什么，一家公司都可以处于不同的层级。

我们认为，在谈论 AI 驱动的公司时，人们几乎总是在描述第 5 层的组织。就像我们提供的例子一样，它们是拥有各种 AI 技术和用例的公司，还有一些支持它们的专业技术平台。它们会做试验，努力创新的公司可能会比那些寻求改善运营的公司做更多的试验。不过，所有这些公司的目标（通常都已实现）是通过将 AI 系统投入生产部署来实际运用 AI 开展业务。由此，新的业务流程被采用了，新产品和新服务被引入市场，由客户使用。高级管理人员积极参与识别用例和监控效果。他们建立了数据科学小组，实现了数字基础设施的现代化，并确定了用于训练和测试模型的大量数据。

也许最重要的是，正如我们在第 3 章中所讨论的，在采用 AI 时有一些不同的原型可供选择，针对不同的战略，也有一些不同的能力模型版本可供选择。如前文所述，我们的观点是，3 个主要原型可以概括为：（1）创造新事物；（2）运营转型；（3）影响客户行为。根据我们的调查研究，虽然改善运营是 AI 最常见的目标，但很明显，至少有些公司不仅仅是使用 AI 来提高现有战略、运营和商业模式的效率的。实际上，它们使用 AI 来实现新的战略、全新的业务流程设计，以及与客户和合作伙伴的新关系。这些公司会根据各自成功开发新战略、商业模式或产品的程度来评估其能力。以运营为重点的 AI 目标将涉及实现实质性的运营改进，而客户行为目标将侧重于实现了多少实际的客户行为变化。当然，这种级别的业务转型需要高级管理层积极参与战略审议，而这正是处于第 5 层的公司通常会表现出来的。

平安：一家打造新商业模式的"第 5 层"公司

很难想象有哪家公司比平安集团更追求发展 AI 驱动的业务。平安集团是一家成立于 1988 年的中国公司。正如我们在第 1 章中概述的，它已经迅速发展成为一个综合性金融服务平台，通过在金融服务、医疗健康服务、汽车服务和智慧城市服务等领域所构建的生活方式生态系统，提供保险、银行和投资方面的产品和服务。平安利用 AI 创建了新的商业模式、新的战略、新的生态系统和新的流程。在 20 世纪末和 21 世纪初，随着中国经济的急剧增长，消费者变得更加富裕，这被证明是一个非常好的战略。没有人会怀疑 AI 正在被用来推动公司层面的业务转型，而且平安已经成功地做到了这一点。当然，平安也使用 AI 来改善各种业务的运营现状，但其重点是创造 AI 驱动的应用场景和商业机会。

平安的高级管理团队当然在参与 AI 相关的工作。公司的创始人和董事长马明哲与数据科学团队密切合作，推动 AI 和相关技术的新发展。当他对 AI 在业务中的新应用产生想法时，他就会找合适的团队来实现它。10 多年来，马明哲一直热衷于数据，之后是大数据，再之后是 AI。2013 年，马明哲引入陈心颖担任首席运营官兼首席信息官。陈心颖来自管理咨询公司麦肯锡，拥有美国麻省理工学院的双学位。

平安还建立了一个庞大的数据科学组织。截至 2021 年 6 月，该公司拥有超过 4 500 名数据科学家和 AI 专家，以及超过 11 万名科技专家。集团首席科学家、AI 部门实际负责人肖京是卡内基-梅隆大学计算机科学与机器人学博士，而且该公司的很多数据科学家以前都是学者。公司的 AI 专家按项目分配到特定的业务部门。肖京告诉我们，该公司的海量数据（部分源自其生态系统）和大量应用用例有利于吸引数据科学人才。他还说，AI 专家不只创建模型，他们也有责任将模型部署到业务中。

平安有一个很长的 AI 用例清单，其中有一些是对外公开的。在平安的"好医生"平台上，基于 AI 的系统帮助人类医生进行症状检查和分类，为超过 4 亿名用户提供服务。好医生平台帮助平安开创了医疗健康新业务。在"智慧城市"业务部门，智能疾病预测系统有助于监控和预测中国多个大城市社区中的流感和糖尿病等疾病的发生。"平安好车主"应用软件使用 AI 和其他数字工具，只需两分钟就能通过智能手机上的照片解决车祸索赔问题。该应用软件还可以在不到 7 秒的时间内为客户生成推荐的保险单。面向金融服务公司的"平安一账通"业务拥有强大的基于 AI 的风险管理能力。在整个平安集团，这样的 AI 应用还有很多。

平安已经开发了几个不同的 AI 平台来驱动这些用户场景案例。例如，"平安大脑"集成了深度学习、数据挖掘、生物识别和其他技术，为产业链事件分析、语音识别、推荐引擎和机器人部署等场景用例提供支持。疾病预测等智慧城市应用由一个名为"PADIA"的基于数据的决策平台驱动，该平台融合了各种 AI 算法，包括机器学习和自然语言处理。

从组织结构上看，平安的 AI 业务大多来自总部位于深圳的平安科技，但该公司在中国其他几个城市以及包括新加坡在内的其他国家都有实验室。平安科技成立于 2008 年，其研究项目曾多次获奖。2019 年，平安科技开发的专利数量居全球第八位。如今，它的大多数研究项目都以某种方式与 AI 相关。

30 多年前，平安就使用数据和基于场景的 AI 来对业务进行驱动和转型，从保险转型为领先的综合性金融服务和医疗健康服务提供商。但其他保险公司或其他行业的公司没有理由不采用同样的方法。平安从 20 世纪 80 年代末的一家小公司成长为一家全球巨头。2021 年，平安的营业收入超过 1 910 亿美元，在当年的《财富》全球 500 强榜单上排在第十六位，在全球金融企业中排名第二。

丰业银行：起步慢、成长快的运营转型

有些公司和读者可能会觉得，获得 AI 的能力是一场竞赛，如果一家公司落后了，它就永远无法赶上了。总部位于加拿大的"五大银行"之一丰业银行就否认了这一观点，该银行在 AI 方面一直奉行以结果为导向的方法，并在过去两年加快发展 AI 能力。虽然一些竞争对手更早通过建立或收购的方式获得了 AI 方面的能力，但丰业银行先专注于大规模的数字化转型，为数据和分析能力奠定了基础。虽然这可能延缓该银行进入高端分析和 AI 领域的速度，但这种专注已经实现了一种高度实用的数据驱动方法，来响应该银行各种业务上的客户需求。

通过更紧密地整合数据和分析工作、对 AI 采取务实的态度，以及专注于可重复使用的数据集（这有助于提高速度和投资回报），丰业银行在 AI 的一些关键领域已经迎头赶上。

到 2019 年年中，丰业银行的 CEO 布莱恩·波特认为，正确的分析非常重要，而设立一个专注于客户洞察、数据及分析

（以下简称 CID & A）的新团队将是这项任务的核心。波特任命菲尔·托马斯担任 CID & A 的执行副总裁，该银行的首席分析官和首席数据官均向他汇报工作。为支持这一职能，丰业银行增加了一名专职的首席信息官。

这种一体化的汇报架构使丰业银行能够快速搜集和管理必要的数据，同时具备分析和 AI 能力。正如一位高管所说："我们的激励、领导力和个性都是一致的，没有摩擦或阻碍。"

也就是说，这些高管都知道，要想获得成功，就要将这些要素与业务目标直接结合起来。例如，虽然分析和 AI 功能是集中的，但大多数数据科学家都是直接与各种业务线保持一致的。因此，关于开发什么样的分析和 AI 用例，业务领导者最终会推动其议程，并与专门的分析和数据团队密切合作。"数字化让整个银行在数据中可见，分析和 AI 人员不仅仅是支持者，还是新前线的一部分。"格蕾丝·李说。她在 2021 年 10 月之前一直担任首席分析官。（当时格蕾丝接管了 CID & A 的领导权，而菲尔升任首席风险官，该职位的职能包括对 CID & A 的监督。）

对菲尔、格蕾丝和他们的同事来说，改进银行内部的关键流程并做出更好的决策是最好的前进方式。他们实现这一目标的方式是采用以结果为导向的 AI 方法——菲尔称之为"蓝领

AI"。其关注的不是研究或试验，而是哪些项目有可能在相对较短的时间内为业务带来价值。世界上没有什么"大爆炸"项目，只有那些涉及持续改善银行运营和客户关系的项目。因此，大多数 AI 项目都已部署到生产中，根据格蕾丝的说法，80%的分析和 AI 模型已经部署完毕，其余 20% 有待部署。

丰业银行的高管意识到，商业模式和产品或服务的巨大改变可能会让他们更难起步，也更难获得形成势头所需的影响力。虽然有些资源专门用于探索新技术（不仅是 AI，还有区块链和量子计算）驱动新商业模式和产品的可能方式，但绝大多数CID & A 团队成员都专注于改善当前的运营和客户体验。

该银行的 AI 方法聚焦客户，为了与此定位保持一致，几个关键用例都专注于改善客户体验。丰业银行决定，在新冠疫情期间，它将设法为最需要帮助的客户（首先是个人消费者，其次是小企业）找到度过疫情时期的财务建议。该团队开发了一款应用程序，采用机器学习模型，利用存款和开支水平等交易数据来识别可能存在现金流问题的消费者。据此，该银行确定了最需要支持和建议的人群。CID & A 团队与该银行的加拿大银行零售部门合作，获取目标客户的清单，通过分行客户经理主动与这些客户联系，提供个性化建议和支持。

丰业银行还推出了 AI 驱动的营销和合作引擎，以支持与客户的主动互动。此引擎分析银行所掌握的客户生活事件（新抵押贷款、孩子刚出生、孩子上大学）和客户偏好的特定渠道（分支机构、移动电话、在线联络、联络中心或电子邮件），以客户偏好的方式为其提供个性化的银行建议。

虽然这家银行主要的 AI 关注点是客户，但它在其他领域也有很多 AI 用例。通过自动化处理全球银行和市场部门后台任务、提高前台的安全性，以及将联络中心每通电话响应时的信息搜索时间减少一分钟以上，该银行已经获得了丰厚的回报。

由首席数据官皮特·塞雷尼塔领导的丰业银行的数据管理部门也发生了变化。他们的目标是更快速地为分析和 AI 用例提供数据——因为没有数据，就不可能有模型。在 2019 年 CID & A 重组之前，该银行的数据战略主要聚焦于防御。这是一种保护银行的方法，其强调监管合规性、财务报告和风险管理。

随着对客户洞察力和快速实现价值的进一步关注，数据部门开发了一种新的数据交付方法，被称为"可复用的权威数据集"。它从客户数据、交易数据、余额数据等数据中确定可复用的数据集。这种数据处理方法提高了速度、一致性和价值。虽然在数据项目上实现高投资回报率通常很有挑战性，但塞雷尼塔表示，现在这种情况在丰业银行很普遍。

丰业银行的经验表明，在 AI 方面起步较慢的企业可以赶上甚至超过起步较快的竞争对手，只要这些企业致力于投资和利用 AI 技术的价值。该银行采用的蓝领 AI 战略确保 AI 计划能够为业务提供价值，并确保其中绝大多数计划能够部署到生产中。该银行的 AI 战略显然侧重于改善现有的业务运营状况，促进与客户建立更密切的关系。当然，该银行目标的明确性使得这些目标更有可能实现。

数据和 AI 对保险客户行为的影响

我们一直认为，公司的 AI 最不常见的目标是改变客户行为。正如我们已经讨论过的，这个目标在社交媒体公司里得到了充分的实现，但在其他领域没有那么顺利。众所周知，社交媒体可以用积极的方式（例如，创建一种社区的感觉）和消极的方式（例如，制造社会分裂）来改变用户的行为。

但保险行业的目标是创造积极的行为改变。这个行业越来越希望，保险公司不仅在客户生活遭遇风险时向他们支付赔偿，而且帮助客户从一开始就预防风险发生。当然，这些公司都要寻求盈利，但它们希望通过帮助客户保持健康和安全来实现这一目标。

我们发现，在这个行业的不同领域，至少有3家公司正在尝试改变客户行为，并在使用AI来实现这一目标。这些公司都处于追求这一目标的相对早期阶段，它们也在寻求使用AI来改善运营。其中有些公司在与初创公司合作，帮助打造这些能力，也有一些公司已经自主开发了必要的能力。

也许走得最远的是前进保险公司，这家公司长期以来一直是利用数据和分析做出客户导向的决策的先锋。它是业内第一家基于信用评分给保险定价的公司，也是第一家基于司机行为给保险定价的公司。我们在第4章中介绍的安森保险是一家非常大的美国健康公司；宏利保险则是加拿大最大的保险公司（业务遍及美国和亚洲），提供人寿及健康保险、年金及其他金融服务。

前进保险鼓励更好的驾驶行为

在全球范围内，汽车保险业务正朝着这样一种理念发展，即实际驾驶习惯是决定客户应该支付多少保险费的最佳方式。这种方式被称为"基于使用的保险"，它利用传感器来监测人们的驾驶方式和时间，并为驾驶习惯更安全的司机降低保险定价，为那些表现出高风险驾驶行为的司机提高保险定价。前进保险在2008年引入了这项创新，并推出了一个名为"快照"

的项目。

到目前为止，前进保险已经搜集了"快照"客户超过 140 亿英里 [1] 的驾驶数据。它使用机器学习模型将驾驶行为转化为对个人客户收取的保险价格。该公司最近采用了 AutoML，以便让数据科学家更高效地分析更多数据和定价。

"快照"在美国不同的州会监测不同的要素，但前进保险搜集的驾驶数据（通过手机或插在汽车里的设备以无线方式传输数据）包括以下几项。

- 过度加速或减速。"快照"通过加速度计监控快速加速、强力制动或急转弯。
- 当天驾驶的时间。"快照"会监控司机开车的时间，如果司机在午夜到早上 6 点之间或者在交通高峰时段开车，那么前进保险就会收取更高的保险费用。
- 驾驶的距离。"快照"向行驶里程数较少的司机收取更低的保险费用（尽管它要求每年至少行驶 4 000 英里）。
- 使用手机。如果司机的手机中安装了"快照"应用软件，它就可以判断司机是否在开车时打电话或发短信。司机

---

① 1 英里 ≈ 1.609 3 千米。——编者注

如果有上述行为，那么保险费用就会更高。

- 行驶速度。司机在限速以上或以下行驶（移动设备配有全球定位系统）会被"快照"记录下来，前进保险会给予按照法定速度行驶的司机更低的保险费用。

"快照"不仅通过价格折扣（高达30%）来影响客户的行为，还通过驾驶安全等级（A级获得较大折扣，B级获得较小折扣，C级及以下无折扣）来影响行为。当不安全驾驶行为被记录时，外插设备会发出蜂鸣，网站会报告行驶期间的驾驶情况，智能手机上会出现机器学习生成的驾驶提示。前进保险声称，通过使用"快照"，司机总共节省了大约10亿美元的保险费用。在某种程度上，如果该公司能够计算出它协助预防的潜在事故数量，那么这将是一件好事。

安森保险的新健康行为

安森保险在2020年宣布，它计划成为一个数字化的健康平台，将其数百万名健康计划的会员连接到服务上，以改善他们的整体健康状况。该公司的数字化平台总裁拉吉耶夫·罗南基告诉我们，安森保险的目标是从"疾病护理"转向"健康护理"："我们不是治疗病人，我们会努力让他们保持健康。"他说，该公司正试图将个人会员、企业主和医疗健康供应商联系起来，打造个性化的健康护理，推动健康行为，将护理重点从被动转向主动和预防。

该公司在 2020 年年报中引用了罗南基的话：

当今全球 10 家最有价值的公司中有 7 家是平台型企业，这类企业有效地实现了供需数字化。在安森保险，我们构建了业界最大的平台，整合了我们庞大的数据资产、专有 AI，以及机器学习算法。通过这个平台，我们能够将知识数字化，为我们的消费者、客户、供应商合作伙伴和社区创造更加敏捷和无缝的体验。

报告继续指出：

我们的平台方法已经开始产生影响：我们已经将护理服务的交付虚拟化，不需要购买昂贵的实体护理交付基础设施。我们能够预测护理需求，并在适当的时间将人们与合适的护理联系起来——将数字化、虚拟和实体护理无缝融合。我们能够使用 AI 和机器学习能力持续优化供需，以确定个人健康需求，从而推动社区层面的整体健康改善。[1]

截至 2021 年，安森保险已经为会员开发了一款屡获殊荣的应用软件，其配备了一套 AI 增强的工具和服务，旨在简化护理信息导航并为每个人定制护理体验。其中一个工具拥有利用会员提供的健康信息、人口统计数据和偏好，将会员与兼容的供应商进行匹配的能力。安森保险还利用其 AI 能力来识别需要复杂程序的会员，然后引导他们前往费用更低的高质量设施和服务系统，以方便会员在获得护理服务的同时节约花销。

安森保险希望赋予会员及其社区权力，将其自身健康的控制权交回他们的手中。公司深知，健康不仅仅是临床领域的问题，还涉及每个人周围的环境，而每个人的日常行为和决定是其活得更好、更长久的关键。由于大多数人的健康状况都由其所在社区决定，安森保险正在采取额外的措施，与 Sharecare 等公司合作，从而影响整个社区的健康状况。安森保险和 Sharecare 共同开发了 AI，对数字健康公司的"社区健康指数"数据进行地理分析，以确定全美各地社区的健康情况，并找出改善的机会。在个人层面，Sharecare 的 AI 通过认证的项目为生活方式和习惯的改变进行量身定制并提供建议，还支持针对已发现的不利趋势进行个性化外展医疗和干预。当然，这里的目标是让一个人的学习成果惠及更多人，通过由 AI 驱动的整合和信息共享来改变社区健康状况。为了实现这种健康转型，医疗健康研究人员还可以搜集和训练他们自己的健康数据，以生成能够对其社区产生实时积极影响的 AI 模型。

安森保险深知，尽管会员体验和社区参与在健康护理领域至关重要，但要产生更深层次的影响，就需要为整个健康生态系统赋能。对服务供应商来说，安森保险的很多 AI 能力都依赖于其供应商平台和护理管理系统。通过与临床医生的工作流程集成，供应商可以获得基于 AI 的洞察力，为患者创建一个 360 度的整体视图。此视图可以利用患者的健康记录和其他健康数据源，如健康传感器和远程患者监护仪。安森保险的 AI 工具可以帮助临床医生在大量数据中总结对患者进行的健康干预措施，并确定其优先顺序，从而通过更加主动和个性化的护理服务提供及时的干预措施，实现更好的健康效果。

除了赋能会员和供应商，该公司还通过制订健康计划的方法来识别护理方面的差距，特别是那些对享受医疗保险和医疗补助的会员有影响的差距。这些 AI 和分析工具旨在通过对"联邦医保优势计划"和"联邦医疗保险处方药计划"质量评级进行根本的分析，实现"下一步最佳行动"临床干预设计，以及向会员提供个性化的外展服务，从而降低风险和改善质量状况，确保将洞察力转化为行动。

安森保险正在打造全面的 AI 解决方案，将影响每位会员的个人健康历程和端到端的健康护理体验。通过 AI，安森保险正在努力实现个性化护理，简化护理管理，并在合适的时间和环境提供适当的护理。到 2021 年年中，已经有超过 100 万名安森保险会员使用该公司的数字服务台，这是一套集中化的工具，可以将患有慢性或复杂疾病（如癌症）的会员与整个护理团队联系起来。安森保险还向企业主团体会员提供"全面健康，全面的你"计划，该计划可以帮助会员创建并实施个性化的健康改善计划，包括客户服务。在 AI 的支持下，客户服务交互基于预测模型，通过主动语音或聊天交流向消费者提供相关信息。行为改变的目标是激励会员改善自身健康。

安森保险已经与其合作伙伴"氢健康"一起开发了一个症状检查器，会员可以将自己出现的症状输入该应用。这个应用可以告诉用户，其他有过类似症状的人是如何被诊断的。然后，它提供了如何学习更多的选项，包括给医生发短信、打电话或自行治疗。成千上万的用户已经使用了该应用，安森保险预计到 2025 年该应用将拥有 500 万名用户。

在第 3 章中，我们讨论了安森保险与 Lark 的合作，其通过 AI 来监控并尝试改善会员的健康状况。这是该公司的众多尝试之一，目的是利用数据、AI 和相对自动化的干预手段，教育消费者什么是健康的行为，并试图大规模地向消费者反复灌输这些行为理念。

安森保险在 AI 方面出类拔萃，拥有所需的各种能力。多年来，该公司一直非常关注这项技术。它拥有人员、领导力、投资和其他资源来推动运营改善和影响会员行为的新计划。当然，改变 4 300 万名会员的行为是一个艰巨远大的目标，安森保险将在一段时间内通过 AI 和其他举措来解决这个问题。

宏利保险的"行为保险"理念

宏利保险是一家加拿大保险巨头，其主要业务分布在美国和亚洲。宏利保险非常重视这样一种理念，即当客户死亡，出现健康问题、住宅或汽车发生事故时，保险公司应该采取的措施不仅仅是向他们赔付。宏利保险的目标是帮助客户过上更安全、更健康、更美好的生活。该公司推崇"行为保险"的理念，即运用行为经济学的原理以积极的方式改变客户的行为。正如我们在第 3 章中所讨论的，这是一次尝试，旨在使用 AI 和其他方法以主动的方式改变客户行为。

宏利保险是总部位于英国的保险公司 Vitality 为数不多的全球性合作伙伴之一（平安集团也是其中之一）。Vitality 致力于激励人们改变行为方式以改善健康状况，该公司针对的不健康行为包括运动不足、不健康的饮食习惯、吸烟和过量饮酒。根据世界卫生组织的数据，这些行为导致 4 种非传染性疾病（呼吸系统疾病、癌症、糖尿病和心血管疾病）的患病风险增加，而这些疾病造成了全球 60% 的早逝。

通过 Vitality 伙伴计划，宏利保险的会员可以将活动资料及其他数据上传给保险公司，并因保持健康状态而获得奖励（包括智能手表折扣、较低的保险费及旅游折扣）。会员还可以从合作的零售商那里获得健康食品的折扣。AI 被用来给会员推送个性化的"诱饵"，以激励或奖励特定的行为。在世界各地参与 Vitality 伙伴计划的客户中，最活跃的会员的死亡率比平均水平低 60%，他们的严重疾病发病率降低了20%~30%。

虽然有证据表明这些个性化的行为干预措施正在发挥作用，但公平地说，AI 影响行为的研究还处于起步阶段。我们还不知道如何最好地激励和改变个人行为，什么样的奖励组合是最有效的，以及不同的行为改变会持续多久。但这是一项令人钦佩的工作，要在缺少 AI 的情况下成功实现这一目标，显然还需要太多的数据，要做太多的预测，要填写太多的药方。我们已经注意到，社交媒体已经改变了人们的行为（无论是好是坏），在信用评分方面也很成功，那么为什么在保险行业不可以呢？

还有一点也很重要，虽然不同的原型需要不同的能力，但我们在本章中介绍的每家公司都让 AI 具备多种用途。平安集团利用 AI 不仅是为了创造新的生态系统和商业模式，也是为了识别和管理风险、提高运营效率，它还在尝试影响客户的行为。前进保险不仅将 AI 用在"快照"及基于使用的保险服务上，还用在基于热门电视广告的客户服务聊天机器人上。而且，几乎所有这些公司都在追求后台任务的自动化。

此外，还要记住，虽然这些传统公司正在各自的行业开辟新天地，但它们都面临一些初创公司竞争对手。例如，在保险领域，美国的 Oscar 和 Lemonade 等初创公司与安森保险和前进保险竞争。在中国，平安集团在其每个生态系统都有初创公司竞争对手。我们在本章中介绍的公司都在构建强大的 AI 能力，这虽然并不能保证它们长期生存下去，但无疑增加了可能性。

开发合乎伦理的 AI 能力

开发 AI 能力的一个关键方面是确保 AI 系统是值得信赖且合乎伦理的。这在原则上被广泛认为是一个重要的领域，但实际上要做到这一点有很大的困难。只有少数公司拥有所需的结构和流程，其中大多数是科技公司。但即便这些科技公司，也面临着 AI 伦理的挑战。

AI 厂商的政策和角色

负责任的 AI 计划的第一步是制定政策和设置负责的职位，以监督 AI 的伦理层面。到目前为止，已经迈出这一步的大多数公司都是提供 AI 产品和服务的厂商（技术或服务厂商）。谷歌、脸书、微软、Salesforce、IBM、索尼和 DataRobot 都属于这一类。负责 AI 伦理的大多数高管主要侧重于向内部（与他们的产品和服务有关）或外部（客户）宣讲 AI 伦理的重要性。[2] 有些公司开发了具体的方法来改进或跟踪伦理问题，比如谷歌开发的记录数据源和算法意图的模型卡想法，在 Salesforce 和其他地方得到了应用。[3] 脸书开发了一款名为"公平流"的工具，以评估其开发的机器学习模型中潜在的算法偏见。[4]

但是，有些厂商（尤其是谷歌）的 AI 伦理团队的状况一直有些不确定和不稳定。谷歌解雇了两名 AI 伦理研究人员，因为他们对该公司的一些技术持批评态度，而且据称该团队的其余员工不确定技术的发展方向。[5] 脸书的 AI 伦理问题也受到了公开质疑，尽管该公司有一个负责任的 AI 团队，但有一名数据科学家还是成了举报者。

尽管这一问题存在争议和骚动，但一些公司已经限制了某些 AI 能力的开发和营销，至少部分原因是内部伦理团队或审查委员会否决了这些能力。路透社的一份报告举了几个例子：自 2020 年年初以来，谷歌阻止了分析情绪的 AI 新功能，担心这会造成文化敏感性的丧失，另外，微软限制了模仿声音的软件，IBM 则拒绝了一家客户对先进的面部识别系统的需求。[6]

这些例子表明，这些厂商的伦理审查程序至少在某种程度上发挥了作用。

政策内容

很多 AI 公司和一些非科技型公司已经发布了合乎伦理或负责任的 AI 政策声明。人们对这些政策的主题和方向有高度的共识。德勤的"可信 AI 框架"就是这种政策框架的一个范例，旨在帮助客户制定自己的政策。它包括以下 6 个关键要素。

- 公平公正。评估 AI 系统是否包括内部和外部检查，以帮助所有参与者公平地应用。
- 透明且易于解释。帮助参与者了解如何使用他们的数据以及 AI 系统如何做出决策。算法、属性和相关性都可以检查。
- 负责任且可问责。确保一个组织结构及政策有助于清晰地确定谁负责 AI 系统决策的输出。
- 安全可靠。使 AI 系统免于承担可能造成物理和数字伤害的潜在风险（包括网络风险）。
- 尊重隐私。尊重数据隐私，避免使用 AI 将客户数据用于其预期和声明用途以外的用途。允许客户选择加入或退出数据共享。
- 稳健可靠。确认 AI 系统有能力向人类和其他系统学习，并产生一致且可靠的输出。

该框架的核心是合规性和 AI 治理（见图 5-1）。

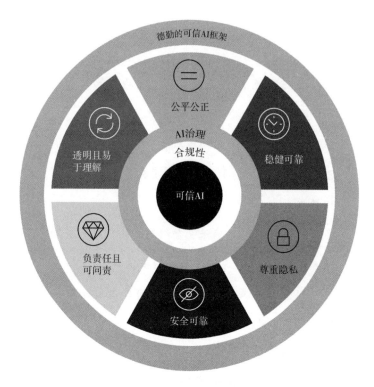

图 5-1 德勤的可信 AI 框架

　　然而，迄今为止，只有相对较少的非 AI 供应商公司（甚至包括一些 AI 优先的公司）制定了 AI 伦理、政策框架和合规流程。其中一家是平安集团，它制定了 AI 伦理治理政策。平安的政策强调人的自主性和以人为本，公司设立了 AI 伦理委员会和监督委员会并设定了项目管理方法，以评估 AI 应用程序是否符合政策。[7]

企业联盟与 AI 伦理

有些公司选择不在 AI 伦理方面单打独斗，而是加入一个由致力于研究和制定 AI 伦理政策的公司组成的联盟。由于 AI 伦理的很多主题在不同的公司都很相似，联盟可以帮助会员公司快速启动它们的伦理计划，为政策和简报或会议创建模板，解决关键问题。尽管大多数联盟都是会员制，但它们的很多研究和政策文件也可供非会员使用。

针对 AI 伦理的问题，有几个不同的联盟。世界经济论坛（以其在瑞士达沃斯举行的年度会议而闻名）是第一个这样做的组织。在过去几年，该论坛讨论了 AI 伦理的很多不同方面。这些项目包括 AI 一代（Generation AI）：为儿童开发 AI 标准、人脸识别技术的责任限制，以及以人为中心的人力资源 AI。世界经济论坛还分享了该组织会员制定的 AI 伦理原则。

AI 合作伙伴（Partnership on AI）成立于 2016 年，成员包括 AI 和其他科技厂商（比如亚马逊、谷歌、脸书、IBM 和索尼）、学术机构、非营利组织以及相对较少的非科技公司。它的使命是"汇集全球各种行业、各类学科和各种人群的不同声音，使 AI 的发展能够为人类和社会带来积极的结果。"[8] 该组织的员工和分支机构撰写了几份关于 AI 不同方面的研究和政策文件，包括算法偏见、AI 开发人员的多样性、文献在机器学习伦理中的作用以及虚假信息等。

EqualAI 是最近成立的一个联盟，专门致力于"减少 AI 开发和使用过程中的无意识偏见"。在它开发的工具中，包括一份用于识别 AI 偏见的核对表。⁹它的目标还包括确定监管和立法解决方案。

数据与信任联盟（Data and Trust Alliance）成立于 2020 年，其会员中有大量非科技公司。德勤是该联盟的创始会员，关注负责任的数据实践。其目标之一是"开发新的实践和工具，以促进负责任地使用数据、算法和 AI"。它确定并开始着手解决的第一个项目是"算法安全性：减少劳动力决策中的偏见"。

虽然我们认为与这样的联盟合作可以加快确定 AI 伦理政策和管理框架的进程，但为特定组织定制这些政策和框架，以及大多数政策和框架的实施及其在组织中的持续治理，都需要专门的资源。随着这项技术对它们的业务来说变得越来越重要，我们预计更多的非科技公司将需要开发 AI 伦理方法。当然，如果一家公司出现在本书里，AI 对它的业务来说就已经是至关重要的了，因此它应该已经有了 AI 伦理的政策、治理机制和领导者。

自动化和负责任的 AI

我们已经讨论了 AutoML 模型的创建和 MLOps 的兴起，以自动评估机器学习模型是否不再具有良好的预测能力（这样叫作"漂移"）。如果其不再具有良好的预测能力，那么该机器学习模型就需要重新训练。但是现在，这些开发工具的几个厂商也可以自动检查模型，以产生模型洞察力，检查其可信度的不同方面。查特博克斯实验室（Chatterbox Labs）是这些方法的早期采用者，这家公司的总部位于英国，其提供自动洞察功能，包括模型及其使用数据的可解释性、公平性、隐私性和安全漏洞。德勤的 AI 研究所在服务客户时就使用了查特博克斯实验室的工具。其他的 AutoML 和 MLOps 厂商，比如 DataRobot 和 H2O，也有针对模型偏见及公平性的评估能力，还有一个开源的工具箱——FairML 可以用来生成类似的模型洞察力。

在联合利华实施伦理政策

当然，起草合乎伦理的政策声明比实施要容易。大多数制定了此类政策的公司也不得不仔细考虑如何最好地管理和执行这些政策。联合利华就是一家这样的公司，它在 2022 年实施了一套"AI 保证"政策。政策的起草相对简单，产生的声明涉及透明度、算法偏见、公平性等常见问题。效果是另一个需要考虑的因素，这就是为什么关注点是保证，而不仅仅是合乎伦理或负责任的 AI。正如领导此项保证工作的联合利华全球数据科学总监贾尔斯·帕维所说："为了实现业务目标，我们必须用更少的资源做更多的事情。AI 是这个历程中最重要的工具，但它必须是负责任的 AI。我们需要 AI 的保证，这样我们才能在责任的护栏内推倒可能性的障碍。"

AI 保证的实施过程更为复杂，部分原因在于联合利华是一家高度全球化的公司，有些国家或地区的业务部门拥有一定程度的自主权，同时该公司还有很多 IT 应用的外部供应商。联合利华内部使用的 AI 应用可以由内部打造，也可以向 IT 厂商定制，或者嵌入联合利华从合作伙伴那里采购的服务。例如，该公司的广告代理商经常使用程序化交易软件，该软件使用 AI 来决定在互联网和移动互联网上投放哪些数字广告。

联合利华 AI 保证合规流程背后的基本理念是检查每项新的 AI 应用，以确定该用例内在的风险。举例来说，预测现金流的应用不太可能涉及任何公平或偏见风险，但可能有效果问题及与可解释性相关的风险。联合利华在信息安全方面已经有了一套定义明确的方法，其目标是采用类似的方法来确保 AI 应用经批准才能投入生产。

在计划新的 AI 解决方案时，联合利华员工或供应商会在开发之前提出概述的用例和方法。然后联合利华对用例进行内部审查，更复杂的用例由外部专家评估。因此，项目提案人会被告知潜在的伦理和效果风险，以及要考虑的缓解措施。AI应用开发完成后，联合利华（或外部参与方）将进行统计测试，以确定是否存在偏见或公平性问题。然后，联合利华可以检查系统在实现目标方面的效果。根据在公司内的部署场合，该系统可能还必须遵守当地的法规。AI保证如果判断系统存在风险，就会提供建议的降低风险的方法。例如，如果人力资源部门使用的简历筛检器是完全自动化的，那么审查可能得出的结论是，该系统需要一个人在流程中做出是否转入面试的最终决定。如果存在无法降低的严重风险，那么AI保证流程将拒绝该应用，理由是联合利华的价值观禁止采用该AI应用。AI用例的最终决定由高级执行委员会做出，该委员会包括来自联合利华内部的法律部门、人力资源部门和AI部门的代表。

联合利华通过百货商店的特许经营来进行销售的一个化妆品品牌，就是这一过程具体运作的一个实例。特许经营公司要求百货商店的销售人员有一定的个人外表标准（例如，工作时脸上要化妆或控制胡须的长度）。联合利华希望打造一个系统，让销售人员每天发一张自拍来证明自己上班出勤的情况，并由系统自动登记。该项目的一个延伸目标提出，系统内的计算机视觉 AI 还可以检测销售人员的外表是否符合标准。在这种情况下，AI 保证流程有助于项目团队更全面地考虑这种方法所需的法规、合法性和有效性，同时也考虑了这种全自动系统的潜在影响。例如，是否应该允许这样的系统（即使被证明是高度准确的）对违规的销售人员自动记过？经历了这个流程后，公司显然需要确保有人参与进来，以便检查被标记为不合规的照片，并处理可能因此而出现的任何情况。

联合利华研究负责任地使用 AI 的另一个实例是应用面部识别来获取进入工厂的权限。他们必须考虑的问题包括确保系统对所有员工来说都是稳定的，无论他们看起来如何，以及面部特征数据库被安全地存储。此外，重要的是要确保有一个故障保护系统，如果 AI 无法有效地识别员工，它也要允许员工进入。

我们从这些例子中可以清楚地看到，任何一家有 AI 伦理政策或方向的公司，都有很多困难的问题需要解决。AI 的一大优势在于，它能够以一种精细化的方式与客户和员工打交道，使得不同类别的人可以得到不同的对待。但差别待遇很容易演变成偏见或不公平。未来几年，围绕 AI 伦理和责任的法律和监管环境，以及在此前后出现的公司政策，都可能频繁地发生巨大变化。像联合利华这样拥抱 AI 的公司在负责任地采用这项技术时，也必须接受对技术的理解和应用方面的演变。

第 6 章

行业用例

在前文中，我们介绍了领先的 AI 采用者的 AI 战略原型，以及它们为实现这些目标而打造的一些能力。在这一章，我们将更加详细地介绍 AI 领导者所做的事情。我们将按行业细分领域，深入研究 AI 驱动的公司为了引领这些行业的发展而采用的具体用例。用例（也被称为 AI 应用）是描述公司如何使用 AI 的基本单元。本章中的大部分用例信息改编自"AI 档案"，这是一份由德勤 AI 专家编写的文档，一个用例一个用例、一个行业一个行业地描述 AI 自下而上的领导地位。[1]

选择用例并确定其优先级是所有公司 AI 战略的核心。AI 驱动的公司所选择的用例让自己与竞争对手区别开来（至少在一段时间内），推进它们的业务战略和商业模式，并与它们的业务流程设计相适应。你可以将本章视为 AI 应用的一览表。

并不是每个用例都涵盖所有行业，而有些用例可以跨行业应用，这是我们见过的最全面的列表。

我们将介绍的一些用例已经成为其所在行业的标杆，而有些用例已经以不太精确和数据驱动的形式出现了一段时间。对于每个行业，我们还将介绍一些新兴的或只适合相对细分情形的用例。我们的总体目标是描述如何通过 AI 脱颖而出，并详细介绍每个行业领域中专注于 AI 的公司已经采用的一些 AI 用例。

消费行业

消费行业包括消费品制造、零售、汽车、住宿、餐饮、旅游和交通运输等。它们都服务于消费者（尽管也有零售商这样的中介机构），需要详细了解消费者的偏好和感受。它们都有复杂的物流、产品或服务开发、客户联系等方面的难题，AI 有助于解决这些难题。

这个领域的一些常见用例（以及我们对 AI 业务中的应用的评论）包括下面这些。

- 车队网络优化。AI（以及运筹学等其他形式的分析）可用来优化路线、消除或减少回程空载，并最大限度地提高配送中心的流量。当然，在像新冠疫情这样的中断期间，虽然 AI 很难优化供应链，但它可以为警惕的公司提供供应链问题的早期预警。

- 更高层次的个性化。AI 对于高精细度的个性化是必要的。AI 不仅能实现"买了这个的人也买了那个"的协同过滤，而且可以基于机器学习的预测，即基于过去的用户行为，来预测谁会买什么东西，或者谁会对广告或报价做出回应。个性化也越来越多地将消费者的位置、社交媒体帖子以及健身或健康行为考虑在内，当然，获取这些信息需要用户的许可。

- 产品组合优化。AI，特别是机器学习，是现代产品组合优化的核心。这些类型的模式能确保合适的产品上货并且库存充足。当然，这在新冠疫情时期尤其困难，但最老练的 AI 用户还是找到了实现的方法。

- 供需规划。例如，专注于 AI 的零售商几乎能连续不断地进行供需规划。正如我们已经讨论过的，克罗格公司每天晚上为每家商店的每款产品制订需求计划。假设供需模式保持正常的水平，机器学习是一个绝佳的规划工具。

- 自动联系客户。领先的公司也使用聊天机器人或智能客服来管理客户互动。比如，星展银行就一直在改进它的聊天机器人，这样客户就不需要也不会想给客户中心打电话了。例如，在零售业，从产品搜索到搜集客户反馈，至少有 12 种不同的具体用例。[2]

消费领域新兴的或细分的 AI 用例包括以下几种。

- 无人商店。亚马逊以其无人售货商店 Amazon Go（现在也经营全食超市）而闻名，尽管这些商店的采购和清洁仍然由人类完成。[3]韩国也有了半自动化无人售货商店，emart 24 和现代非凡商店就是两个例子。
- 自动驾驶。正如我们在第 3 章中所讨论的，完全自动驾驶汽车到来的时间比预期的要长，但有些设置"地理围栏"的地区配备了完全自动驾驶技术，自动安全装置甚至在相对便宜的汽车上也开始普及。
- 时尚科技。时尚零售商越来越多地提供基于 AI 的虚拟试衣间，以及推荐顾客可能喜欢的风格的 AI 服务。Stitch Fix 曾经是一家线上造型初创公司，现在已经成长为一家大公司，它将 AI 推荐和个人造型师建议相结合。
- 个性化的健康、健身和保健服务。我们在第 5 章介绍了这些与保险公司相关的健康建议，但它们是由智能手表和手机等消费设备驱动的，它们可以提供个性化的"诱饵"，以改善人们的健康行为。

- 服务体验现代化。AI 驱动的个性化产品和服务、推荐、优惠、网站和移动 App 正在推动购物和消费者服务的转型。

沃尔玛供应链中的 AI

我们在这本书里还没有讨论过沃尔玛，但它可能会被视为在使用 AI 方面最有能力的消费者企业和零售商之一，而沃尔玛并非一家原生数字化企业。该公司为实体商店补充货品的供应链是众所周知的，其在电子商务销售和配送方面取得了相当大的进展。沃尔玛有数百名数据科学家从事供应链和预测或需求管理工作，并在这些领域与供应商密切合作。它有一套非常复杂的"移动推销员"算法来优化车队的卡车和其他配送车辆的路线，并使用在 GPU 上运行的"禁忌搜索"模型来优化供应链流程。当客户在线订购的商品缺货时，沃尔玛会使用 AI 模型来确定下一个最佳可用选项。

沃尔玛可能在仓库自动化方面起步相对较晚，很多仓库建于 20 世纪六七十年代，但它正在迅速提升这一领域的能力。该公司宣布将花费 140 亿美元重新设计其配送中心，并采用 AI 和机器人等新技术。沃尔玛正在与 Symbotic 公司合作，以改善其仓库的自动化水平。Symbotic 是一家由亚马逊机器人公司前高管创建的机器人制造商。沃尔玛还使用机器人将不同尺寸的盒子堆成立方体（机器人知道如何创建这样的立方体），以便交付给商店。沃尔玛甚至与福特的 Argo AI 部门合作，在美国的 3 座城市试点自动驾驶，用于运输线上订单商品。沃尔玛还在商店里用机器人做实验，以判断是否缺货、商品是否放错了货架，还用其他机器人清洁地板。

沃尔玛的分销和配送服务现在已经不仅仅是一种内部能力。沃尔玛还为其他有当天或次日送达需求的零售商创造了 GoLocal 服务，家得宝是该公司的首批服务合作伙伴之一。除了拥有强大的零售实力之外，与联合包裹和联邦快递一样，沃尔玛也正在成为一家重要的运输服务提供商。

能源、资源和工业

能源、资源和工业领域有很多拥有大量资本预算的大公司，但由于各种原因，很多公司尚未大量采用 AI。这些公司主要是 B2B（企业对企业）的供应商，它们有时没有足够的客户数据来采用大量的机器学习模型。很多工业类公司都使用一些 AI 应用，但这些应用很难与机器或工厂大规模集成。然而，尽管存在这些障碍，领先的公司在一些 AI 用例上还是取得了相当大的进步。

这个领域相对常见的用例包括下面这些。

- 预测性资产维护。这是工业类公司最早的 AI 用例之一，现在仍然是最受欢迎的用例。它基于传感器预测维护需求，这些传感器会显示故障的早期迹象或者可能导致故障的情况。像壳牌这种 AI 驱动的公司正在大规模地进行这项工作，它们的故障迹象监控已经覆盖了一万台机器，而且将覆盖更多机器。

- 面向生产和规划的边缘 AI。越来越多的公司将传感器部署在网络边缘，并使用 AI 分析来自传感器的数据。传感器可以检测或测量流量、温度、大气中的化学物质、声音或图像等。壳牌正在使用无人驾驶飞机，根据图像识别监控管道状况，这是边缘 AI 与预测性维护相结合的一种形式。该公司还运用基于机器学习的计算流体力学规划风电场，并在其建成后优化发电量。丹麦能源公司 Ørsted 还全面使用数据和 AI 优化其 1 500 多台风力涡轮发电机的能源生产。[4]

- 现场传感器数据分析。使用现场传感器的主要是能源行业，其在石油和天然气勘探中被广泛使用。例如，钻头中的传感器可以监控热量和振动，并可以预测即时的破损。通过钻头传回的手机图像，工作人员可以用深度学习模型检查并评估钻头磨损情况和地下土壤成分。针对发电风车，传感器可以为 AI 系统提供数据，以优化叶片角度和旋转速度。

- 现场劳动力与安全。AI 可以用来使危险的工作变得更加安全。例如，在美国南加州爱迪生公司，预测模型对每个现场维护或安装项目的安全风险可能性进行评分，现场团队进而讨论如何降低高分项目的风险。该模型集成于公司的工单系统。

- 公用事业服务中断预测。电力公司可以使用机器学习模型来为所服务区域的电网资产和电路生成断电风险分数，目标是缩短用户断电的时间。评估的风险可以包括火灾、天气、动物干扰和植被等。南加州爱迪生公司对此类预测的主要关注点是野火，它使用无人机拍摄的视频进行图像识别分析，并使用更全面的机器学习模型预测火灾风险，并在火灾发生前切断电路。

此领域 AI 新兴或细分的用例包括以下几种。

- 材料信息学。大学和工业研究人员开始使用 AI 来理解化学品和化合物的新组合如何创造出高性能的材料。

- 算法供应链规划。供应链优化通常要基于需求和供给的现有趋势的延续，但 AI 开始用于预测供应链潜在的中断情形，包括新冠疫情、政治动荡和航运瓶颈等。

- 数字孪生工厂。数字孪生是机器甚至整个工厂的虚拟复制品，它们不断地用数据进行更新。AI 可以检测机器的异常并解决故障。这是一种更全面、更详细的预测性资产维护方法。

- 虚拟的工厂运营助理。工厂车间的工人和主管通常会在车间里巡视，以便对机器进行干预，但他们的很多任务很快就会被自动调整的 AI 系统取代。增强现实设备（本身也使用 AI）将与机器学习应用协同工作。空客已经在中国的哈尔滨哈飞空客合资公司使用 AI 软件来实现这一目标。

AI 支持的希捷品质

希捷科技是一家高科技制造商，是全球最大的磁盘驱动器制造商。该公司的工厂里有大量传感器数据。过去 5 年来，该公司一直在全面使用这些数据来确保和提高其制造流程的质量和效率。

希捷的制造分析的主要关注点之一是硅片和制造工具的自动化视觉检测，而硅片是制造磁盘驱动器的原材料。在整个硅片的制造过程中，希捷从各种工具集中获取多个显微镜图像，这些图像在检测硅片内的缺陷和监控工具组的健康状况方面发挥着关键作用。希捷在美国明尼苏达州的工厂利用这些图像提供的数据创建了自动故障检测和分类系统，该系统能够直接从图像中检测和分类硅片的缺陷。其他图像分类模型检测工具中的散焦电子显微镜能确保任何缺陷都是真实存在的，而不是散焦图像。[5]

基于深度学习图像识别算法，这些自动缺陷分类模型于2017 年年底首次被部署，自那时起，图像分析的规模和能力在公司位于美国和北爱尔兰的硅片厂得到了全面发展，希捷因此在劳动力检测和废料预防方面节省了数百万美元。虽然该公司已经能够使用这些系统减少人工检测的次数，但其目标不仅仅是将检测劳动力解放出来去做其他类型的工作，还在于提高制造流程的效率。几年前，目视检查的准确率为 50%，但现在准确率已经超过 90%。

谷歌云是一家需要使用数百万个磁盘驱动器的大客户，希捷与谷歌云合作，在大型数据中心发生故障之前预测硬盘驱动器的故障。最终的模型非常成功，工程师现在有了更大的窗口来识别出现故障的磁盘。这不仅能帮他们降低成本，而且还能够在问题影响最终用户之前加以预防。[6]

金融服务业

金融服务业包括银行、保险、投资管理和交易，这一直是AI 应用最活跃的行业。这个行业的信息丰富，快速、准确地决策对在这个行业获得成功至关重要，因为客户需要大量的建议来过上更成功的金融生活。金融服务机构通常也有财力投资AI。因此，本书中介绍的 AI 优先的公司更多属于金融服务行业，而不属于其他行业。

金融服务中常见的一些特定用例包括下面这些。

- **法律及合规分析。** 银行需要出于自身财务目的控制欺诈，但也需要出于监管目的参与"了解你的客户"和反洗钱活动。AI（以决策规则系统的形式）已经在行业中使用了很多年，用于反欺诈，但是这些能力往往会产生太多的误报，现在机器学习能力可以补充优化这一点。例如，星展银行在其交易监控能力中增加了机器学习，这使其能够根据需要调查的可能性对可疑交易进行排序。新系统不仅让分析师在审阅可疑案例时的工作效率提高了1/3，而且让他们能够使用更多数据。可能性最小的案例会进入休眠状态，除非客户有其他可疑活动，否则此类案例根本不会被提起审查。

- 对话式 AI。AI 聊天机器人或智能客服在银行业越来越普遍。如果 AI 所做的只是让客户查看余额，那么这没什么新鲜的。但银行在其 AI 对话系统中添加越来越多的更复杂的功能。在美国银行的聊天机器人埃丽卡投入使用后不到三年的时间里，其用户数就稳步增长到超过 2 000 万。除了像余额查询这样的基本功能之外，它还可以指出开支的异常情况，为客户设立的目标提供储蓄方面的建议，并可以处理超过 6 万个与新冠肺炎相关的短语和问题。随着时间的推移，聊天机器人也变得更健谈、更有个性。

- 360度客户体验。银行正在使用 AI 和其他数字工具来更好地理解和改善客户体验。到目前为止，很多银行已经使用客户历程分析来了解客户的真实体验是什么样的，并通过机器学习模型预测不好的客户体验什么时候可能引起客户的反感或流失。无监督式学习模型可以使用聚类分析来识别新的或服务较差的细分领域。就像我们在摩根士丹利案例中介绍的，"下一步最佳行动"系统通过机器学习来识别最有可能被客户重视的金融产品或服务。缺乏客户知识的银行或保险公司不再有技术不足的借口。

- 保险承保。保险承保业务长期以来一直基于规则引擎，但领先的公司正在将规则与机器学习应用相结合，或者用机器学习应用来代替规则，因为机器学习应用可以基于数据做出更精确的承保决策。通过基于 AI 的图像识别来判断屋顶状况或周围树木的情况，这种趋势正出现在商业和家庭财产保险领域。它还用于汽车保险业务，让驾驶员在投保前（以及在事故发生后用于无接触理赔裁决和支付——我们将在下一章中介绍）为车辆拍摄照片。人寿保险领域也是如此，因为这些公司试图在承保前避免昂贵且麻烦的体检。比如，万通人寿保险旗下的港湾人寿就采用了数字承保方式，可以让 50% 的申请不需要人工审核，20% 被接受的申请不需要体检。[7]

- 基于使用的保险。正如我们在第 5 章中所讨论的，根据客户的驾驶方式收取不同的保险费率是前进保险在 2008 年首创的。现在，无论是初创公司还是成熟企业，很多保险公司都在采用这项技术。这项技术需要 AI 分析所有数据，并为改善驾驶行为以及对承保的影响提出建议。

- 交易运营自动化。很多金融交易已经通过无人工干预的直通式处理得到了处理和清算，但仍有很多失败的交易需要大量的人工干预。AI 不仅降低了交易失败的可能性，还帮助解决了需要进一步调查的交易。它可以预测可能失败的交易，并在交易失败前获取更多数据。AI 可以从交易文档中提取能够解决失败交易或有问题交易的信息，以及检测对交易者有用的交易数据中的模式和异常。

- 个人用户欺诈检测。检测银行和保险业务中的欺诈行为是一个主要的用例领域，AI 在其中发挥着核心作用。例如，信用卡公司试图在销售点批准交易之前识别欺诈。对交易进行欺诈评分需要机器学习以及与交易系统的紧密集成。

- 信贷风险分析。使用 AI 来确定客户是否应该获得信用是神经网络最早的应用之一，始于 20 世纪 80 年代中期罗伯特·赫奇特–尼尔森在神经网络建模和应用方面的创新。现在，很多不同形式的机器学习都用于这个目的。

世界各地的金融服务机构还在采用一些新兴或细分的用例。

- 生物识别数字支付。使用人脸识别来验证支付、贷款和保单的客户身份，这项技术已经在中国企业中得到了相当广泛的应用，包括在平安集团。

- **房地产价格估算和预测。**大多数房主都查看过 Zillow
（免费房地产估价服务网站）提供的 Zestimates，这是一
种基于机器学习的房屋价值预测工具。其他几个房地产
网站现在也有类似的能力，保险公司也有在投保之前评
估房屋价值的版本。不过，Zillow 最近关闭了房屋买卖
业务，这表明 AI 价格估算的算法在高度可变的市场中
可能会遇到困难。

第一资本的 AI 用例

第一资本也是金融服务领域 AI 驱动的公司之一，按照账
户余额计算，它是美国第三大信用卡发行商，我们在前文尚未
讨论过这家公司。该公司以"基于信息的战略"为信条，从
1994 年作为一家独立公司成立之初就善于分析。在过去的 10
年中，它也已经成为机器学习领域的一座发电站，其用例贯穿
了个人银行业务的方方面面。我们将在下一章介绍第一资本从
分析到 AI 的发展历程。

多年来，该公司在一项关键指标预测上表现出色：客户是
否会偿还信用卡贷款。不过，除此之外，它还使用机器学习进
行很多其他类型的预测。

- 诊断手机 App 故障。

- 识别可疑交易以发现可能的洗钱行为。

- 识别欺诈性信用卡交易并减少虚假的欺诈警报（误报警）。

- 识别欺诈性数字银行会话。

- 为频繁交易的个人商户创建虚拟卡号。

- 预测在线会话中的客户意图。

- 预测客户是否会致电呼叫中心，以及他们需要帮助解决的问题。

第一资本还有一个功能强大的聊天机器人——Eno，它可以执行很多银行事务，并且在客户需要的情况下，给他们提供基于其消费习惯的见解。该公司还尝试利用深度学习模型开拓信贷决策领域，并努力让这些模型更易于解释、更容易被监管机构接受。我们将在下一章中讨论第一资本在银行的众多领域正在应用的 AI。

政府和公共服务行业

在美国，政府和公共服务行业在采用 AI 方面起步较慢，至少在军事和情报部门以外是这样的。然而，这个行业有大量的用例，一些组织开始采用它们。

这个领域成熟的用例包括下面这些。

- 理赔处理后台自动化。政府组织通常会向个人或组织支付理赔，而 AI 可以提供多方面的帮助。机器人过程自动化是美国联邦政府较强的 AI 能力之一，其拥有一个跨越 50 个不同机构的大型实践社区，以及很多生产项目。机器学习可以通过识别最重要或最容易支付的理赔，帮助尽快支付。

- 人口风险支持。这种基于 AI 的方法能够识别处于风险的公民，包括身体和精神健康问题、无家可归以及食品安全等问题。这是一种在社会问题发生之前就将其解决的方法。它在健康领域的发展最为广泛，例如，在英国，如果老年患者在基于机器学习的电子脆弱指数中获得高分，那么医疗从业者就会收到通知，这些老年人就会得到额外的照护。

- 生物医学数据科学。生物学与机器学习的交叉领域正在经历爆炸式发展，研究人员试图将疾病和有效治疗方法与基因组学、蛋白质组学和其他学科联系起来。例如，隶属于哈佛大学和麻省理工学院的研究机构布罗德研究所正在投入 2.5 亿美元建立一个中心，以连接生物学和机器学习。在政府层面，美国国家卫生研究院正在开展很多项目，以推进 AI 在基础和应用健康研究中的应用。

- 福利管理。在公共和私营领域，越来越多的组织通过使用 AI 来决定向公民和员工提供什么福利。例如，在丹麦，谁能获得公共福利（包括养老金、儿童津贴、失业补助和其他社会福利）由算法决定。在很多私营公司，人力资源部门正试图转向"劳动力合一"，使用与公司为客户提供个性化服务相同的方法来确定员工福利。

- 健康和环境预测。加拿大的一家 AI 初创公司——蓝点成功地预测了新冠肺炎症状的发作和疫情的蔓延，这让很多流行病学家意识到了在疾病失去控制前预测其蔓延的可能性。AI 也被政府用来预测火山爆发、洪水、雪崩和其他自然灾害。

- 视频监控分析。世界各地的很多政府都将基于 AI 的视频和图像识别技术用于公共安全领域。视频监控摄像头数量的激增导致对这些图像进行自动分析的迫切需要——这不仅是为了侦破过去的犯罪案件，也是为了在犯罪事件发生之前进行预测和预防。

AI 在政府和公共服务领域的一些新兴或细分的用例包括下面这些。

- 基于智能代理的军事战略模拟。未来的战争可能将在 AI 能力的基础上进行并取得胜利。目前，AI 的一个重要应用是用智能代理模拟战斗。基于智能代理的模拟经常会产生更精确和更有成效的战争游戏，因为它们对很多智能代理的行为进行建模，并且能够模拟紧急行为。多国政府也在探索使用 AI 自主控制武器。这可能包括使用无人机和自动驾驶汽车，以及使用机器人作为侦察兵和侦察平台（空中或地面）。

- 民用资产和基础设施管理。要让一座城市或一个地区的基础设施有效运行，相关措施已经变得越来越复杂，人类无法独自完成。新加坡陆路交通管理局等公共组织正在使用传感器数据和 AI 来监控并预测公共交通服务的中断情况，并为服务恢复推荐最佳替代方案。[8]

- 法律结果预测。AI 的一个有价值但有争议的应用在司法领域，在这个领域，法官和陪审团的决定是可以预测（通常由律师预测，这可能会促进争议解决），并可以通过 AI 得到增强的。法官对 AI 最广为人知的使用是在算法量刑建议中，但是有些版本的 AI 存在偏见，缺乏透明度。[9]

- 教育中的适应性学习。教育机构，尤其是那些拥有大量线上教育内容的教育机构，可以使用基于 AI 的自适应学习工具监控学生的学习效果和内容记忆效果。AI 可以根据学生的学习情况，为他们提供适当水平的材料。这是一种将学习过程个性化的方式，而人类导师很难或几乎不可能大规模实施这种方式。

美国政府的 AI

尽管起步较慢，但美国政府近年来在该技术的民用和国防用途上都表现强劲。美国行政会议委托进行的一项研究发现，截至 2020 年 2 月，接近一半的联邦机构（45%）已经试着使用 AI 及相关的机器学习工具。紧随这项研究，第 13859 号行政命令《维持美国 AI 领先地位》出台，该文件要求联邦机构创建可公开获得的 AI 用例清单，包括下面这些。

- 美国航空航天局在应付及应收账款、IT 支出和人力资源等方面启动了 RPA 试点项目。通过该项目，86% 的人力资源事务可以在没有人工干预的情况下完成。[10]

- 美国国家海洋与大气管理局已部署一项 AI 战略，该战略通过"提高整个机构 AI 开发和使用的效率、有效性和协调性，扩大 AI 在每个海洋与大气管理局任务区的应用"[11]。

- 美国社会保障局在裁决工作中使用了 AI 和机器学习，以应对大量案件带来的挑战，并确保决策的准确性和一致性。[12]

- 美国退役军人事务部建立了国家 AI 研究所，以开发 AI 研发能力。在新冠疫情开始时，退役军人事务部部署了 AI 聊天室，以解答现场问题，并帮助确定确诊病例的严重程度和患者入院的可能位置。[13]

- 美国国家司法研究所支持 AI 在打击犯罪方面的研究，以帮助调查人员整理"可用于打击人口贩运、非法越境、毒品贩运和儿童色情制品"的数据。[14]

- 美国国土安全部科技司的交通安全实验室正在积极探索将 AI 和机器学习纳入 TSA 安检流程的方法，以改善乘客安检和行李扫描。交通安全实验室正在开发新的工具、方法和程序，以便算法在商业化前得到有效且高效的测试及训练，并最终降低误报率。[15]

- 美国国税局正在使用 AI 来测试正式通知与联系方式的最优组合，以提高纳税人的补税可能性。[16]

在国防应用方面，美国国防部估计 2022 财年（始于 2022 年 10 月）在 AI 上花费 8.74 亿美元。[17] 五角大楼在这一年的 AI 计划将达到约 600 项，大约是 2021 财年的两倍。国防部的联合 AI 中心成立于 2018 年，旨在加速国防部对 AI 的采用和集成，以大规模实现任务的影响力。通过联合 AI 中心计划，国防部正在利用 AI 应用来支持军事人员的医疗保健创新、转变战争特征、改进舰队战备系统，并支持流程改进。当然，美国政府出于获取情报的目的，也在 AI 上投入了大量资金，尽管投入的水平和具体用例都是保密的。

新加坡政府的 AI

新加坡尽管国土面积小，却是政府和公共服务领域多项新技术的早期采用者，AI 也不例外。这个城市国家的各种机构和公共服务领域都在使用 AI，包括我们在本章前面提到的新加坡陆路交通管理局。AI 的其他用例还包括完成复杂纳税申报的系统、监控警察和水库的移动机器人、通过智能手机自动监控温度以检测新冠病毒感染、新加坡街道上的无人驾驶汽车和出租车，以及一套医疗诊断和治疗系统。

2017 年，新加坡政府资助了"AI 新加坡"计划，这是"一个 AI 国家计划，旨在催化、协同和提升新加坡的 AI 能力，为我们未来的数字经济提供动力"[18]。此计划与研究机构、公司和政府机构合作，以加快 AI 的开发和部署。通过国家研究基金会，新加坡政府已经创建并资助了网络安全、合成生物学、海洋科学等研究中心，以及其他几个 AI 研究项目。基于积极的结果，政府已经为该计划的第二个五年期运营提供了资金，并大幅增加了对 AI 的其他资助。政府还在新加坡各大学建立了 5 个卓越的研究中心。

新加坡为在该国经营的金融服务机构建立了一套伦理框架，这一点不同寻常。该框架名为 Veritas 联盟，由新加坡金融管理局牵头，正在开发用例（包括开源代码），供业内的公司评估各自产品的公平性。已经完成的用例包括信用风险评分和客户营销，计划中还有更多的用例。[19]

包括美国和中国在内的多国政府现在已经意识到，AI 对于未来的国家治理至关重要。新加坡在这方面起步较早，就其规模而言，新加坡已经投入了大量资源，并成为 AI 领域的领军者和政府 AI 用例的早期采用者。

生命科学和医疗健康行业

生命科学和医疗健康公司正处于 AI 驱动的巨大变革的边

缘。然而，变革还没有完全实现。大型制药公司偶尔会使用AI技术，但它们还没有完全解决如何用电子技术或计算机建模来开发和测试药物的问题。药物开发领域已经有了几家很有前景的AI优先的创业公司，但它们还没有取得重大突破。在医疗健康领域，我们每天都能看到AI在诊断或疾病预测方面取得的进展，但很少有人将其应用于临床实践。然而，生命科学和医疗健康领域的用例比比皆是（在我们的分析中，比任何其他行业都多）。以下是一些正在迅速成为主流的用例。

- 临床试验的数字数据流。自动化临床试验过程可以为新药化合物提供更大经济价值和更快进入市场的速度。大多数试验都是使用数字平台进行的，这种平台具备基于AI的分析和关键阶段的自动化。制药公司通常与合同研究机构合作，不断改进试验的实施方式。试验中基于AI的合成对照组允许未被纳入试验的个体作为对照，这反过来又可以让更多的试验参与者接受实验治疗。AI还可以帮助整合和协调试验数据，从而加快试验速度。

- 药品智能制造。药品生产流程正变得更加数字化和自动化，这使得AI可以用于监控异常情况和预测流程结果。AI可以识别流程退化及其对产品质量的影响、监控材料特性的差异，以及分析环境条件，所有这些都基于传感器数据。出于预测性资产维护和异常检测的目的，AI可以创建特定机器以及（最终）整个工厂的数字孪生。

- 药品营销全渠道参与。药品销售人员正在放弃针对医疗健康从业者过时的营销方法以及针对患者进行营销的电视广告。精明的数字化消费者和从业者都在期待个性化的全渠道互动，由AI来协调通过什么渠道传递什么内容。这些营销任务已经变得非常复杂，无法仅由人类营销人员来完成。

- "患者声音"的见解。过去，医疗健康和生命科学领域的客户基本上都是匿名的。但现在，患者可以在社交媒体和"同病相怜"（Patients Like Me）等患者交流社区上发表他们的经历和经验。AI可用于在线监控患者情绪和讨论主题，最终带来更积极的患者体验。

- 主动的风险规避和合规性。药物警戒正变得越来越复杂，在药物开发和营销实践的很多阶段都需要监管合规性证明。AI可以通过识别在普通公众和从业者社区中提出的问题以及通过监控新闻源来协助合规。通过基于真实世界的验证数据所确定的副作用和负面结果，AI还可用于协助药品上市后的监控。

- 患者参与。临床治疗缺少患者参与以及患者不遵守药物治疗方案是医疗健康服务提供者和支付者面临的主要问题。正如我们在第5章和第7章中所讨论的，行为"诱饵"可以用来提高参与度和依从度，特别是当这种诱饵针对个人进行个性化定制时。这些医疗健康领域的"下一步最佳行动"需要AI，就像各种消费者优惠版本需要AI一样。

- 医疗健康收入周期优化与效率提升。医疗健康服务提供者和支付者都在尝试创建更高效、更有效的医疗健康支付流程，并且越来越多地实现医疗健康授权和支付检查的自动化。机器学习还可用于在治疗前准确估算患者的治疗费用——现在这是美国法律的要求。

- 计算机辅助诊断。基于AI的某些疾病诊断和自动治疗建议并不新鲜，并且在某种程度上存在于基于规则的临床决策支持系统中。然而，机器学习正开始使诊断和治疗变得更加精确和基于数据。特别是，基于深度学习的图像识别已经被证明在检测图像中的医疗问题时与人类放射科医生表现得一样好，甚至比后者更好。这些方法中部分已经得到监管机构的批准，但大多数仍处于实验室阶段，而不是应用与临床阶段。然而，还有更多的事情即将到来，我们可以期待它们与临床流程在更大程度上的整合。

- 精准医疗和个性化健康。机器学习也是精准医疗的关键——基于患者的基因组成、关键代谢数据和其他因素推荐个性化的疾病治疗方案。对癌症患者来说，精准医疗已经成为现实，他们可以利用肿瘤的基因组成来采取基因特异性治疗策略。一些 AI 正在被用来推荐基于遗传学的特定药物和临床试验。虽然这是一个漫长的历程，但我们预计许多更精确的医学方法很快就会出现。

- 医院管理。现代医院汇集了昂贵的设施、机器和人才，AI 已经在优化配置方面发挥了作用。急诊室、放射成像机器和外科医生，AI 帮助这些稀缺资源更有效地安排时间。这种优化可能最终会扩展到卫生系统的整个医疗健康服务范围，包括本地诊所、康复中心和家庭护理。

此外，还有各种 AI 用例仍然主要存在于研究实验室或者临床应用非常有限，包括下面这些。

- 生物标志物发现。生物标志物是一种可检测的物质，可提示疾病或其他医疗状况。寻找生物标志物的过程有点儿像钓鱼探险，但在包括癌症在内的很多医疗领域，有大量的数据可以产生潜在的生物标志物。机器学习使研究人员能够更快、更轻松地发现单个和组合的生物标志物。预测蛋白质折叠模式的新 AI 算法可能被用来生成新型生物标志物。

- 合成生物学。创造新的有机体、设备或药物是一个耗时的过程，但 AI 可能会大大加快这一进程。新的算法可以预测细胞 DNA 或生物化学的变化将如何影响其行为。这些预测模型不仅有可能加快医疗健康研究的速度，还可能加快人造肉等消费品的研发速度。

- 虚拟化药物研发实验室。机器学习可以帮助制药公司开发新化合物的数字模型，并预测它们将如何作用于特定的目标分子。与 3D（三维）模拟技术相结合，其可以开发最终在动物和人类受试者身上进行测试和验证的模拟化合物，并且显著缩短药物研发时间。

- 自我修复式医疗供应链。虽然医院和医疗用品也和其他产品一样面临着不确定性，但其延迟交货和缺货的后果可能要严重得多。机器学习模型可以更好地预测需求，并在发生意外事件时快速重新规划。

- 数字医疗健康提供商。医疗健康公司正在提供各种各样的智能医疗辅助服务，以帮助和增强人类临床医生的活动。特别是在中国，像"平安好医生"这样的智能远程医疗系统为医生提供建议支持和诊断协助、治疗策略和药物推荐。尽管这种智能远程医疗服务在美国尚未很好地建立起来，但它很可能是常规医疗健康的未来。

- 临床试验的行为预测模型。进行临床试验的公司面临的一个问题是，多达30%的试验参与者在试验结束前退出。这会增加费用，使分析复杂化，并可能导致损耗偏差。生命科学组织正在开始使用机器学习模型来预测试验参与者完成试验的可能性，并且只招募最有可能完成试验的参与者。

- 数字病理学。到目前为止，病理学在采用基于AI的图像分析方面远远落后于放射学。很多病理学家仍然更喜欢显微镜，并且病理学缺乏用于捕获和传输图像的通用数据标准。这种情况正在开始改变，并且有多家提供基于深度学习的病理细胞的图像识别提供商。虽然它们还没有获得美国食品药品管理局批准在没有人工审查的情况下进行分析，但是它们对于图像预分类和工作流程优先化非常有用。

- 患者生命体征监测。跟踪健身活动的智能手表现在很常见，但它们也越来越多地监控各种医学相关数据，从心率、血氧水平到心电图信号。这些设备的一些数据可以传输到电子健康记录中进行长期监控。此外，这些手表还可以在用户出现严重医疗问题时自动向医生发出警报。

- 用药遵从性和患者远程监控。对整个医疗体系来说，遵从处方服用药物是一个重大问题，特别是对临床试验而言。"电子药柜"尚未成为现实，但一些临床试验正在利用智能手机的图像识别技术，显示患者正在按规定的频率服用药物（或安慰剂）。

- 放射学的诊断图像增强。在研究实验室里，基于深度学习的图像识别越来越成功，但在临床实践中尚未得到广泛应用。提高采用率的一种方法是增强图像，使得有问题的区域被系统突出显示，或者指出图像中肉眼不易看到的特征。研究人员还致力于提高医疗机构和临床环境中图像识别的可重复性。

克利夫兰诊所的 AI

我们认为，在生命科学和医疗健康行业，AI 驱动的传统机构尚不存在。虽然很多初创公司都由 AI 驱动，很多大型医疗服务提供商和大型制药公司都活跃在 AI 领域，但我们认为，它们还没有达到利用 AI 显著改变其业务的地步。出于这个原因，我们将介绍一些更积极的公司以及它们已经采用的一些用例。

在医疗健康领域，一些因提供创新、高质量护理服务而闻名的公司也在开发创新和高质量的 AI 用例。例如，克利夫兰诊所的企业信息管理与分析部门的执行董事克里斯·多诺万表示，该诊所的 AI "随处可见"。他的团队正在尝试促进自下而上的 AI 开发和部署，同时提供治理方法。到目前为止，这项工作是由涵盖企业分析、IT 和伦理部门的跨组织实践团队推动的。

大多数用例的好处主要在操作层面——更快、更精确地做出决策。例如，克利夫兰诊所正在实施术前患者麻醉风险评分。多年来，该诊所一直使用基于规则的评分，但现在评分基于机器学习，并且更加自动化和精确。该诊所还在财务上使用企业资源计划系统数据与机器学习模型，以便更好地估计财务风险。在很多管理功能中，其使用机器学习创建更多预测、预测模型和模拟。

在公共卫生领域，该诊所建立了一个预测模型，有助于优先考虑护理管理资源的使用。因为护理管理资源稀缺，所以确定病例的优先次序对于向最需要的患者提供护理至关重要。预测风险评分现在是确定谁会接到报到电话的主要方法。例如，糖尿病患者如果在控制病情方面存在困难，就会获得高风险评分。该诊所还建立了一个模型，以确定哪些患者尽管没有疾病史或症状但面临某种疾病的风险。这个模型通过主动安排得分高的患者进行筛查或预防性护理来阻止其患病。

还有一种预测模型可以识别存在由社会因素决定的健康问题的患者，这些患者可能像需要医生一样需要社会工作者的照料，或者需要一张公交车通行证才能去看医生。多诺万说，该模型的评分现在是在医院的电子病历记录系统之外完成的，但他预计这些评分最终将被纳入电子病历记录。到目前为止，电子病历记录系统中的所有预测模型通常都表现不佳，部分原因是它们没有根据诊所自身的数据进行训练。

克利夫兰诊所的大量应用涉及基于深度学习的医学图像分析。比如，该诊所影像研究所的放射科医生正在进行癌症和骨折自动识别实验，神经科医生则在使用这项技术来帮助识别癫痫发作的根源。AI 模型当前的目标是帮助医生识别图像中的问题，而不是独立进行医学判断。在另一个医学图像项目中，该诊所还宣布与 PathAI（一家人工智能公司）建立合作伙伴关系，寻求通过数字化及利用其病理切片库来推动多种疾病领域 AI 驱动的转化研究和临床诊断。

多诺万认为，克利夫兰诊所应用 AI 的潜力巨大，但最大的挑战在于数据。他表示，其他行业的数据要多得多，而且更可能是干净和结构良好的。他说，其他医院的数据一样也存在质量问题，数据采集不当，输入方式不一样，而且整个机构对数据的定义也不一样。即使像血压这样常见的指标，也可以是在患者站立、端坐或仰卧时进行测量的（通常结果各不相同），而且数据会以不同的方式记录下来。我们需要了解数据结构的知识才能对数据进行适当的解读。因此，数据准备现在已经成为每个 AI 项目的一部分，而多诺万的团队正致力于将有用的数据集作为公共服务提供给 AI 项目。

最后，多诺万指出，克利夫兰诊所也花了大量时间来了解与这些技术相关的伦理问题。他预计这样的深思熟虑将是这些技术在临床决策中全面实施的关键。

各大制药公司的 AI

试图用 AI 重新设计药物开发的制药或生命科学公司主要是初创公司。时间会告诉我们，它们能否成功地改进这一非常昂贵且耗时的过程。几家大型制药企业都在努力将 AI 应用到自己的业务中，并采用了各种各样的用例，但它们的很多 AI 用例项目都不在药物发现流程的核心位置。换句话说，它们可能还没有完全由 AI 驱动，但它们正在努力确保未来可以做到这一点。

例如，辉瑞公司在销售和营销方面表现出色，它的很多 AI 应用都支持这些功能。有几个用例涉及确定哪些类型的医生最有可能帮助患者使用辉瑞的处方药物，或告知医生如何正确使用有关产品。辉瑞的澳大利亚业务部门正在使用一个 AI 平台来模拟另类销售和营销策略的影响。AI 还允许该公司与参与临床试验的患者进行个性化沟通。辉瑞创建了一个科学数据云，并使用它来创建改进化合物预测的算法，为 AI 在药物发现及开发中更积极地使用 AI 奠定基础。该公司利用 AI 方法加速与合作伙伴 BioNtech 一起销售的创纪录的新冠疫苗的临床试验。辉瑞还在一系列训练营中对公司员工进行 AI 方法的培训。

诺华公开地讨论其 AI 计划。该公司的 AI 创新实验室与微软合作，正在解决一些用例的问题，比如有效及高效分子的智能设计、将人体 T 细胞转化为含抗癌成分的个性化病毒，以及针对年龄相关的黄斑变性治疗精确给药。它使用 AI 从现实世界的数据中提炼新发现，为研究和开发提供机会。该公司还在开发一种深度学习模型，通过分析皮肤病变图像来加速对麻风病的检测。

阿斯利康在药物发现和商业方面有一系列的用例。在药物发现方面，其重点使用大数据集来预测哪些分子可能对目标疾病产生影响并对其进行排序。该公司正在通过这种方法显著加快药物开发的过程。这个过程的下一步是在实验室里合成分子，像蛋白质折叠预测这样的工具可以加速这一过程。病理学家正在使用 AI 将组织和细胞分析过程的速度提高 30%。自动化技术（包括物理机器人和过程自动化）有助于缩短新化合物生成、分析和测试的重复周期。该公司还在使用联邦电子病历记录数据来加速临床试验。

阿斯利康也在商业领域有效地使用 AI。例如，在新冠疫情期间，它使用机器学习和自然语言处理来与医生进行个性化的数字通信——这是当时它唯一的通信方式。它还有一个 AI 模型，用于评估销售经理与销售人员之间的培训对话。

礼来公司使用 AI 进行临床试验开发。礼来公司的设计中心分析计划（Design Hub Analytics Initiative，简称 DHAI）通过一个创新技术平台分析备选试验设计，从而改变了这一流程，这个创新技术平台集成了数据源、高级分析、AI、自动化和用户体验改进。机器学习用于捕获和处理礼来的试验经验和其他数据来源，以指导临床试验方案的构建和交付，比如国家和研究者选择。设计中心分析计划将试验时间缩短了 20%，这使得礼来的药品进入市场的速度大大提高。

由于药物研发领域的重大创新往往出现在最终被大型制药公司收购的小型初创公司中，在 AI 的帮助下，同样的模式很可能会再次出现。很多大型制药公司（包括我们前面提到的那些公司）已经与这些初创公司建立了开发合作伙伴关系。如果 Exscientia、英矽智能、Berg 健康、Benevolent 人工智能及其他众多专注于 AI 的初创公司能让药品开发的速度和效果显著提高，那么其运作方式毫无疑问将进入大型公司。

科技、媒体和通信行业

德勤的专业人士通常将科技相关的行业称为 TMT。TMT 涵盖了所有行业中数字化和 AI 驱动程度最高的领域，其产品和服务会留下一系列数据，包括产品使用情况、位置、兴趣和关注程度等，这些数据可以很容易地通过 AI 进行分析。例如，电信行业率先使用了数据挖掘，后来又使用机器学习来预测客户流失。然而，科技领域也是消费者和决策者对数据隐私、消费者定位和资本监控最担忧的行业。未来几年，TMT 公司如何处理这些问题，并在隐患与 AI 的潜力之间取得平衡，将为其他很多行业定下基调。

AI 采用者的一些常见用例如下。

- 智能工厂和数字化供应网络。AI 正在越来越多地应用于实现 AI 的行业制造——半导体和计算机生产。常见的用例包括需求预测和库存水平预测、设备调度、芯片设计自动化和设计缺陷识别、良率优化以及缺陷检测（我们在本章前面讨论的希捷公司既是一家制造公司，也是一家技术公司）。

- 消费者直接参与。科技行业是科技导向型营销和销售的主要领域之一。例如，思科系统公司开发了基于机器学习的销售倾向模型，该模型考虑了数以万计的个体客户购买某些产品的可能性，即使这些客户是公司（B2B 模式）。[20] 技术公司也会仔细监控销售线索，通过机器学习确定它们的优先顺序，并且经常使用自然语言处理系统来培养低价值或低可能性的销售线索。

- 数字联络中心。如今，很多行业都在使用聊天机器人和智能客服，但其中最活跃的是技术导向型公司。在这个行业中，基于自然语言处理的数字客服用于完成涉及账单和预约的管理任务。然而，由于技术产品和服务的复杂性，这个行业在使用 AI 进行客户支持方面无疑处于领先地位。此类用例不仅可以回答与产品有关的典型客户问题，还可以分析实时支持电话以了解客户情绪和上报需求。

- 客户数据变现。很多面向消费者的行业都在以各种形式探讨数据变现，但由于该行业拥有丰富的数据，因此在变现方面处于领先地位。最常见的例子是使用社交媒体或搜索用户的注意力通过广告商变现，或者通过销售基于位置的广告牌或营销机会，将移动通信提供商已知的位置进行变现。由于这对消费者来说是一个敏感话题，因此该领域未来可能会受到额外的监管。

- 数据中心和设施冷却优化。科技公司的数据中心是电力的主要使用者。Alphabet 的 DeepMind 率先开发出能够持续将数据中心的冷却能源成本降低 40% 的算法。西门子与一家名为 Vigilent 的初创公司合作，开发了一种更全面的算法方法来优化设施冷却，该方法也用于数据中心。[21]

以下是这个行业当前不太常见的一些用例（但随着 AI 不断走向成熟，其使用情况可能会不断增长）。

- 虚假媒体内容检测。人工构建的、不代表真实的音频和视频内容的深度造假目前还处于发展初期，但很多观察人士担心它们将成为未来虚假信息的主要来源。深度造假需要 AI 来创建，但 AI 也能识别它们。这场军备竞赛的结果尚不为人知，但至少有解决这个问题的潜在办法。

- 自我修复网络。通信公司的生死存亡取决于网络的健康状况，而 AI 使预测、恢复和防止网络中断成为可能。正如预测性资产维护用例可以识别机器中的异常并预测故障一样，AI 应用可以识别网络中的问题和潜在故障，并在它们发生之前予以解决。它们至少能让客户知道服务何时可能恢复。例如，威瑞森在 2017 年利用 AI 预测并预防了 200 起可能影响客户的网络事件，但其中很多问题甚至在发生之前就得到了修复。[22]

- 语言翻译服务。如今，很多消费者已经意识到，当他们前往非母语的国家或地区旅行时，基于 AI 的智能手机应用可以提供基本的翻译服务。类似的能力可以用来翻译电子邮件和网页。然而，重要的商业文档通常由人工与计算机辅助翻译软件协作翻译，该软件通常会向翻译人员提供建议的翻译（大多数情况下是逐行翻译的），翻译人员可以接受、拒绝或修改建议的内容。该翻译工具大大提高了翻译人员的工作效率。[23]

- 视频内容分析。人类、街道监控摄像头、无人机、汽车和很多其他的来源正在以惊人的速度生成视频。然而，没有足够的人员来查看和分析所有的视频内容。AI可以出于各种检测目的分析视频，包括运动或物体、火灾或烟雾、面部识别、数字识别等。与自然语言生成相结合，AI甚至可以讲述一个自己观察到的故事。

• 音频和视频挖掘。与视频内容分析一样，人们现在可以挖掘音频或视频的内容，并将其转化为可分析的结构化数据。AI可以捕捉这些内容中的很多信息，包括关键主题或行为、情绪以及涉及的个人。为实现这些目标，其中涉及的AI技术可以包括自然语言处理、计算机视觉、语音识别和深度学习等。

• 情绪检测。通过深度学习模型，AI可以越来越准确地检测人类的情绪，这样做的目的包括检测对广告的反应、识别司机的路怒症、注意到机场旅客的恐惧或焦虑。然而，批评者指出，面部识别对人类情绪的解读并不可靠，可能需要同时评估其他生理因素以提高准确性。[24]

• 元宇宙的创建和管理。很多公司都开始追求元宇宙的理念，这是一种用于娱乐、游戏、教育和模拟的沉浸式虚拟环境。AI将在元宇宙中发挥重要作用，包括自动构建视觉图像、视频和语言，确定身份，预测动作和移动，以及其他组成部分。Meta 公司（前身为脸书）介绍了 AI 将在元宇宙中扮演的众多角色。[25]

华特迪士尼公司的 AI

市值 670 亿美元的华特迪士尼公司是一家媒体和娱乐业巨头，其 AI 和分析的现代史源于 1995 年的"乐园与度假村"业务部门。公司的高管注意到，航空公司通过收益管理、基于供需的航空公司座位动态定价已经成功提高了利润率。他们认为，或许同样的方法可以应用于酒店客房的定价。马克·谢弗曾在人民快运航空和大陆航空从事收入管理工作，他来到迪士尼后，领导一个最初专注于该用例的团队。

招募谢弗之后，乐园与度假村业务发生了翻天覆地的变化，最终几乎迪士尼的其他所有业务部门都发生了巨变。谢弗领导的收入和利润管理团队目前由 250 多名"演职人员"组成，其中 50 人拥有博士学位。这个团队是迪士尼以业务为中心的分析及 AI 中心，它极大地提高了酒店、乐园、百老汇展览、书籍和其他迪士尼资产的盈利能力。该团队目前的工作遍及整个公司，机器学习是其主要工具之一。

迪士尼乐园的 AI 也越来越受到其乐园客户的关注。最近，该公司推出了一款基于 AI 的实时度假规划助手——精灵，精灵可以根据家庭喜好推荐景点。基于应用的排队管理服务与迪士尼魔力手环合作，后者提供乐园内顾客所处位置的实时数据，目标是尽量减少排长队的现象，并最大限度地提升客户体验。[26]

在电影业务方面，迪士尼建立了一个名为 StudioLAB 的研究部门，探索如何利用 AI 和其他技术来改进电影内容。比如，它通过 AI 监控观众情绪，提高了早期试映的实用性。迪士尼与加州理工学院合作，在电影院放置摄像头，通过深度学习系统监控每个观众的面孔。这不仅搜集了更多的数据，而且更准确地了解了观众对电影的体验。[27]

StudioLAB 还创建了算法来检查电影帧中的每个像素，以确保电影质量，而人工分析师只需要查看 AI 选定的像素。其他算法会自动以像素为单位进行绘制，以获得一致的图像。这样做的目的是让公司富有创造力的讲故事的人能够专注于故事本身，而不是各种乏味的细节。

在这些技术密集型行业中，AI 正在应用于各种各样的用例。我们已经介绍了一些更积极的采用者，它们在 AI 方面做得比很多竞争对手起步更早、做得更多。我们强烈期望，这种重视最终将体现在这些已经成功的公司的运营和财务业绩的改善上。

请注意，我们所介绍的很多用例可以跨行业应用。正如前文所述，迪士尼将航空业的定价方法调整到了休闲娱乐场所。尽管所有这些行业中用例的可能性对某些高管来说可能是颠覆性的，但为了真正实现公司的转型，考虑并采用大量的用例是很重要的。每个单独的用例都可以与类似领域（比如客户服务）中的其他用例相结合，以产生更大的影响。考虑到潜在的 AI 应用数量，对高级管理人员来说，制定战略并优先考虑最有可能影响其业务并推动其战略的用例尤为重要。

第 7 章

成为 AI 驱动的公司

如果你在一家传统的公司工作或担任领导职务，那么你可能会觉得通过 AI 实现转型超出了你们公司的能力。你所在的公司可能不是克罗格或罗布劳这样拥有积累了几十年的销售网点和客户忠诚度数据的零售巨头，不是空客这样生产和分析大量传感器数据的大型飞机制造商，也不是星展银行这样拥有利用技术推动业务发展的悠久历史的大型银行。你可能会觉得，你所在的公司不可能拿出人才和资源全力押注 AI。

但如果你真的处于这种情况，请不要感到绝望。过去出于各种原因而没有全面使用技术、数据和 AI 的很多公司都是如此。我们正处于通过 AI 实现公司转型的起始阶段，我们在本书中介绍的公司都是 AI 的早期采用者。

好消息是，大约 10 年前，还没有哪家公司是 AI 驱动的。

关于如今 AI 优先的公司，我们可以介绍几条它们朝这个方向前进的路径。确立对 AI 的积极采用，不需要公司具备任何超人或超自然的能力。简言之，这些公司意识到自己未来需要更多的 AI，于是安排专人负责开创未来，汇集所需的数据、人才和资金投资，并尽快采取行动打造新的 AI 能力。它们都到达了目的地，或者至少正在接近目的地，尽管各家公司走过的路径略有差异，但它们的基本步骤是相同的。

在本章中，我们将通过下面 4 个案例来介绍成为 AI 驱动的公司的 4 条路径。

- 德勤。它正在从一家完全以人为主的专业服务机构转变为一家由智能人类与智能机器并肩工作的机构。
- CCC 智能解决方案。它最初是一家信息提供商，但现已转型为一家 AI 驱动的公司，其业务是为汽车碰撞维修提供便利服务。
- 第一资本。该银行是定量分析技术的早期采用者，也是 AI 的早期及全面采用者。
- Well。这是我们在本书中介绍的唯一一家初创公司，它正在打造一种基于 AI 的能力，从头开始影响健康行为。

这些绝不是实现 AI 成果的唯一途径，但它们应该能为任何有兴趣踏上这一历程的公司提供一些思路。

德勤：从人类驱动到人与 AI 驱动

我们之所以对讲述德勤的故事特别感兴趣，是因为我们曾在德勤工作或与之合作——尼廷·米塔尔是德勤美国 AI 业务的联席主管，托马斯·达文波特是德勤 10 多年的高级顾问。德勤是业务重心调整的一个很好的案例：它从几乎完全专注于由人类专业人员来执行业务（从 1845 年德勤在伦敦创立开始），到致力于 AI 驱动并采用人与机器协作组合的方式。德勤尚未完全完成 AI 驱动的转型，而且几乎不会放弃人工劳动力，该机构在全球拥有近 35 万名员工。然而，该机构正在将全面使用 AI 作为其为客户提供专业服务的标志。这是业务重心的一个重大变化。德勤的商业、全球和战略服务管理负责人贾森·吉扎达斯坚信，该机构需要进行转型，以便在更智能的经济中发挥领导作用，并且他也支持这种转型。我们在其他很多案例中看到，一家公司要想成为 AI 驱动的公司，需要一位高级管理人员的远见、激情和精力。吉扎达斯就扮演着这个角色，他动员德勤所有必要的利益相关者来支持这项投资、使命和历程。

AI 是多项被称作战略增长机会的优先投资方向之一，这些投资被视为会对其所在的全面经济体产生影响。吉扎达斯全面负责将 AI（以及其他优先投资）能力整合到德勤的业务之中。

由尼廷共同领导的 AI 战略计划的期限为 6 年（2021—2026年）。该计划详细说明了每家公司如何利用 AI，然后打造一个社群；与英伟达、亚马逊网络服务和谷歌等合作伙伴建立进入市场的关系；建立新的实践领域；以及进行长期投资。双方共同关注的重点是利用 AI 实现内部功能和流程，以及创建新的客户产品。吉扎达斯评论道："我们的 AI 计划植根于这样一种信念，即 AI 可以改变我们的成本结构和能力体系。它更像是一个转型的议程，而不是以发展行业中每个人都拥有的'赌注'能力为目标。大多数领先的客户都在这段历程中，因此我们必须走在 AI 应对新的复杂挑战的前沿。"

吉扎达斯认为，虽然德勤尚未实现 AI 驱动，"但我们已经完成了我认为最困难的部分——在整个德勤内部围绕 AI 进行动员和打造关注度"。但他指出，在每项业务以及人才管理和财务等基础设施流程方面，还有工作要做。AI 计划还包括为 AI 初创公司的重大收购提供资金，专注于政府程序完整性领域的新服务，以及协助客户创建和管理智能工厂。

这种转型不同寻常，这不仅体现在商业模式变化的幅度上，而且体现在 AI 被采用的方式上。与其他"四大"全球专业服务机构一样，德勤也拥有庞大的全球成员机构网络。在大多数情况下，每家成员机构都在一个国家或地区开展业务，其组织结构和业务实践符合当地的监管环境。每家成员机构开展业务的领域都很类似，包括审计、税务、咨询和顾问服务。以往德勤的大多数创新都发生在成员机构内部，但向 AI 的转变是全球性的。审计、税务、咨询和顾问部门的创新团队一直在努力创建可在全球范围内使用的解决方案，尽管有些解决方案可能需要进行修改或调整才能符合当地法规。

各业务领域之间也存在协作，例如，将客户数据整合成一个通用格式进行分析，对审计和税务的业务实践来说可能都是一项挑战，但他们已经协作开发了相关工具来实现这一目标。咨询业务为客户打造了一套 AI 服务，并配有专业人士，这就是所谓的 AI 工厂，咨询团队中的一些人从事审计和鉴证业务。提升德勤员工在 AI 方法和工具方面的技能是德勤的首要任务，因此基于 AI 战略计划，德勤在 2021 年成立了 AI 学院，该学院在客户业务流程和战略的背景下教授 AI，并已经成为市场上 AI 人才的创造者。

审计和鉴证业务的 AI

相对于德勤的其他业务部门，审计和鉴证业务部门致力于提升 AI 能力的时间更长。[1] 德勤的 AI 开发始于 2014 年乔恩·拉斐尔领导的创新和客户服务交付团队。名为 Omnia 的全球 AI 平台（可进行本地化定制）将用于支持全球各地成员机构的审计业务。这是一组工具和方法，可以自动执行一些审计事务、确定人类审计师的审查优先级，并为客户提供有关其业务和风险的见解。这个平台会不断发展，并已经在德勤的外部审计工作中使用 AI 执行关键任务方面取得了巨大进展。从一开始，他们就采用了最佳的方法，包括监控世界各地的新技术初创公司。有些能力主要是内部开发的，其他能力则主要来自外部供应商。例如，Kira Systems 是一家总部位于加拿大的初创公司，其软件产品可以从法律文件中提取合同条款。在审计的文档审查过程中，这是非常有用的能力。审计师以往必须仔细阅读大量的合同，才能提取关键条款。但现在，Kira Systems 的自然语言处理技术可以识别并提取合同中的关键条款。对于很多不同的内部和外部开发的用例，Omnia 的功能就像一根支柱，可以很容易在其中添加新的工具。

Omnia 从一开始就是一项全球性计划。尽管它首先在一家美国客户那里进行试点，但它是基于全球思维来打造的。开发人员采用敏捷方法进行试点和快速学习。Omnia 的开发将标准化作为首要原则，但有时在特定国家或地区需要进行局部修改。各国或地区之间存在重要差异，包括数据隐私、审计流程和标准、法律和风险处理方法，以及业务决策。有些国家或地区还要求在其境内存储公司的审计和其他类型数据。Omnia 还能灵活地支持对大型上市公司和小型私有公司等不同客户的审计。

对公司进行审计时，一个关键点是以易于分析的格式获得其核心的财务和运营数据。当然，不同的公司在数据结构方面有所不同，因此公司将相关数据提取到审计平台可能需要大量的劳动力。不过，德勤开发了 Cortex 系统，可以自动从客户的业务系统中提取日记账分录和其他所需数据，以供分析使用。拉斐尔认为，开发一个适用于所有客户的通用数据模型是打造 Omnia 平台最困难的部分，他有些后悔没有提前开始这项工作。德勤在 2018 年招募了一名首席数据官之后，打造 Omnia 平台的速度加快了。

Omnia 平台上的系统具有多种能力。其中一个名为 Signal 的系统通过分析公开可获得的财务数据，可以识别客户业务中的潜在风险因素。Cortex 对日记账分录数据集执行实时分析，以识别与会计、运营和控制相关的模式。Reveal 使用预测分析来识别审计感兴趣的领域，以供人类审计师进一步审查。

Omnia 平台最近增加了一个值得信赖的 AI 模块，可以评估 AI 模型的偏见。

德勤的审计创新团队在开发将 AI 应用于审计程序的所有用例时，会遵循一个通用的流程。这个流程包含以下 5 个步骤。

1. 简化及标准化。第一步是创建一个通用的、简化的流程或程序来执行任务。在这一点上，他们没有引入任何新的技术，只是创建了过程流和程序文档，介绍了通用的整体工作流程，然后添加特定司法辖区所需的个别变体。

2. 数字化和结构化。数字化是 AI 技术从数据中进行学习的前提条件，它使用某种形式的信息技术（可以搜集数据并监控性能）来支持任务。数字化也是任务结构化的下一步。所采用的技术通常能够指定活动执行的顺序。

3. 自动化。一旦任务被数字化和结构化，它通常就变成了一个简单的过程来自动化其性能，通常使用某种专有的工作流甚至机器人过程自动化工具。这一步骤减少了对体力劳动的需求，并且通常可以改善周期时间和一致性。例如，德勤通过工作流程技术将审计中的确认流程完全自动化，即向多个外部第三方发送信函以确认财务事项。

4. 使用高级定量分析和定性分析。自动化流程可以通过描述性分析进行监控，也可以通过预测性分析或规范性分析更好地进行测试。此外，客户数据还补充了外部数据，以进一步改进风险评估流程或识别实质性测试异常值。

5. 实施认知技术。向 AI 任务转型的最后一步是实施 AI 技术，使任务变得更加智能，从而从审计师与底层数据的交互中进行学习（如机器学习）。随着时间的推移，AI 工具可能会学会更好地执行任务，或者它们可能会将智能决策应用于任务的某个方面（如提取和分析合同条款）。

上述每一个步骤都可以单独提高审计质量，并为德勤审计师和客户提供更及时、更有意义的见解。

这个流程似乎正在发挥作用。德勤的审计创新在 2015 年、2018 年、2020 年、2021 年和 2022 年的英国数字财会论坛及颁奖典礼上连续获得"年度数字创新"大奖。当然，其他四大会计师事务所也在审计中采用 AI，但我们的感觉是，德勤在 AI 方面处于领先地位。

审计创新团队也开始改变其人才模式，以支持 AI 能力的开发。该团队已经招募了多名拥有博士学位的数据科学家和数据科学家实习生，并越来越多地招聘具有数据和 IT 教育背景的学生。

拉斐尔认为，客户对 Omnia 的审计结果感到满意，尤其是其基于数据揭示的业务洞察水平。他相信 AI 正在提高审计质量，它所带来的效率因审计和客户而异。有时它会揭示需要人类审计师进一步调查的感兴趣的项目，但这会提高审计质量。Omnia 还支持更多的工作在客户的现场之外完成，这在新冠疫情时期发挥了巨大的作用。拉斐尔对 Omnia 的进一步发展以及进一步在全球推广的可能性感到兴奋。他的团队现在正在考虑一些场景和模拟，使客户能够在自己的业务中构想出气候相关的替代计划。它还在解决日记账分录的可视化显示以及替代财务结算模拟的可能性。他的团队正与德勤的顾问团队及英伟达的合作者进行复杂的视觉模拟。

税务 AI

税务通常分为前瞻性战略项目和使用历史信息的监管合规活动。这两个领域的共同点是大型数据集的复杂分析。从历史上看，该分析由税务专业人员使用当时最好的技术手动执行。德勤正在致力于税务工作的机器学习，其理念是将税务专业人员的工作与 AI 驱动的流程相结合，可以在准确性、效率和洞察力方面产生更好的整体效果。

德勤税务分析洞察业务的 AI 战略增长机会负责人贝

丝·穆勒评论道："在税务领域使用 AI 的机会比比皆是。我们专注于将高度技术性的税法应用于具体事实。支持 AI 的工具和流程将继续发展，使我们客户的税务部门能够成为其组织中更好的业务合作伙伴。"

在战略性税务工作领域，税务专业人员通常会在时间和信息有限的情况下做出对组织有重大影响的决策。由于税务部门往往是最后获悉业务情况的部门，其做出最明智决定的能力可能会受阻。不过，借助 AI，我们可以在决策过程中融入针对税务的算法，以便更早地标记税务方面的考虑，并让税务部门更早地在决策中占据一席之地。

税务监管合规性的很大一部分工作（如外部审计）是从客户的业务系统中提取数据。企业资源计划和其他公司系统通常不是为税务合规性而构建的，因此必须从这些系统中提取关键信息，并通常要根据税务规则进行重新分类。德勤已经建立了一个名为 Intela 的平台来与客户合作开展业务，该平台包括 AI 驱动的功能，可以对数据进行提取和分类，并向税务专业人士和客户提供见解。试算平衡表账户的分类是正在应用自动分类的一个税务数据领域，它可以为每个账户的税务分类提供初步确定（如可抵扣与不可抵扣）。其他分类（如涉及间接税的分类）也正在实现自动化。一旦平台搜集了所有需要的数据，德勤就利用机器人流程自动化和其他技术解决方案来执行计算、准备纳税申报单，并在人工驱动的审核流程之外执行额外级别的质量审核检查。它还可以对税务数据进行定量分析，以确定客户可能需要考虑的一些见解。

与审计业务一样，过去的税务监管合规性通常需要税务专业人员进行大量的手动工作——查找数据、从一个系统取出数据并将其输入另一个系统、编制计算工作底稿等。大部分的体力劳动已经被淘汰，随着时间的推移，更多的体力劳动将会消失。这样，税务专业人员就可以腾出更多时间来分析客户的税务状况，并提供改善税务状况的建议。在公司的税务部门实施自动化和 AI，符合一些全球税务机关改进税务合规流程的设想。在某些情况下，税收合规的某些领域可能仅仅涉及一个系统与另一个系统的对话，而围绕着这些系统构建的 AI 可以识别潜在的准确性风险。

咨询行业的 AI

咨询是德勤结构化程度较低的业务之一，但这并不意味着其专业人员没有机会应用 AI。尼廷是 AI 咨询业务的负责人，他和同事们正在寻求多种机会来改变咨询师使用这项技术的工作方式。AI 创造的机会大致可分为两类：打造能力和启动新业务。

从咨询实践中可知，要从由人类驱动的公司转变为由人和 AI 驱动的公司，关键是要快速打造必要的能力，推动当今智能化程度更高的经济。鉴于 AI 在当今的商业和社会中越来越受到重视，德勤咨询必须拥有必要的 AI 能力来为客户提供服务。这些能力包括对话式 AI、计算机视觉、使用 AI 技术处理来自物联网和边缘设备的数据，以及 AutoML 的应用。德勤的目标是大规模积累这些能力所需的知识和技能，让大多数德勤的咨询师可以帮助客户实现业务转型，而不是由一个小型的专业团队来提供 AI 服务。这项工作的背景包括联络中心的数字化、制造运营的现代化以创建智能工厂，或将云端服务扩展到客户网络的边缘侧。在 AI 学院内部，德勤与培训机构合作，为参与 AI 业务应用的咨询师创建定制课程，并将必要的 AI 能力扩展到咨询实践中。

另一个重点领域是启动新业务。此举旨在将德勤咨询的传统商业模式扩展到新的商业模式，从而巩固其在未来 10 年的市场地位。AI 战略计划重点关注的是德勤咨询已经具备领先能力的领域，并启动新的业务，这些业务将在未来 10 年改变德勤在这些领域的咨询方式。

例如，德勤拥有规模最大的数据实施业务之一，能帮助客户将数据迁移到云端。现在，该机构正在研究如何帮助客户利用这些数据，并成为 AI 驱动的公司。德勤咨询推出了一项名为 ReadyAI 的新业务，这是一项"AI 能力即服务"的业务，旨在为客户提供预先配置了互补技能集的团队。这些团队帮助客户决定如何处理其数据，并使用标准的 AI 流程和工具（包括机器学习和深度学习）来开发用例。ReadyAI 使客户能够迅速启动自己的 AI 工作。与典型的咨询业务不同，这项服务没有预定义的需求或可交付成果，服务团队通常由客户指导。

另一项已经启动的新业务涉及开发自动事务流程，并且客户能够预订这些流程。德勤历来是企业资源计划系统实施的领导者。这些系统将业务流程数字化，但很多公司现在的目标是尽可能采用自动流程。德勤与其技术供应商合作，推出了一项新业务，使用 AIOps 实现涉及多个事务系统的流程自动化，这些工作通常需要大量的人力来操作。这些流程被分解为独立的事务，开发的算法在其中做出智能决策，从流经它们的数据中不断学习，并触发自动动作。这些算法被打包成客户可以预订的独立微服务。

德勤咨询推出的第三项新业务是为制造业客户打造智能工厂。随着传感器在工厂车间普及，制造过程的每个步骤都会产生大量数据。汇集这些数据并应用算法来持续分析和改进流程是工厂智能化的关键。通过智能摄像头进行实时监控和调整，这些设备可以形成一个制造、运营基本自主的系统，而且还能自我改进。在为企业实施全球供应链方面，德勤已经处于领先地位，但智能工厂的新业务将其推向了一个新的层面：在制造与供应链流程交叉点上由 AI 驱动的领域。

在咨询领域尝试 AI 后，德勤从中学习到了三个重要经验。要踏上 AI 驱动的历程，企业需要做到以下三点。

- 实现当前业务的现代化。德勤专注于 AI 能力的打造，旨在实现服务的 AI 化及现代化，从而在当今更智能的全球经济中为客户提供建议、实施系统和运行流程。
- 以长远眼光发展业务。与大多数成功的公司一样，德勤也认识到，它需要建立能够在未来 10 年带来红利的新业务。AI 战略计划涉及多年投资计划、专注的领导力、执行推动力以及整个公司内争取长期利益而非短期收益的共识。
- 不断探索以寻求下一个目标。AI 战略计划在推动一个结构化项目，同时在咨询业务的不同团队中不断试验，以确定下一个伟大创意。这方面的一个例子是寻求业务应用的自主编程。德勤咨询的很多项目都涉及某种形式的编程，因此该机构正在积极尝试使用 AI 来生成代码。由 OpenAI 开发的强大的 GPT-3 AI 模型被证明不仅擅长生成文本，而且擅长生成某些类型的计算机程序。这种能力是开源工具 Codex 的核心，该工具将程序的英文文本描述转化为代码。德勤的咨询师正在积极调查，以了解 Codex 在什么情况下可以提高生产力，并允许非程序员生成代码。

这三个经验已经并将继续作为咨询业务实践中 AI 计划的指导原则，它们推动 AI 战略、投资和领导力重心。该业务的领导者还坚信，如果德勤打算帮助其客户实现 AI 驱动，它也需要 AI 为自己提供动力。

风险和财务顾问领域的 AI

德勤的风险与财务顾问业务专注于帮助客户降低各种类型的风险。在过去，它利用商业上可获得的 AI 工具来协助执行一些客户项目，例如自动生成反洗钱可疑活动报告。但通过 AI 战略增长机会，顾问业务开启了一项新的 AI 战略，该战略由伊凡·塞夫等高级负责人以及这家美国机构的 AI 业务联席主管尼廷共同推动。这些领导者能够理解执行团队的心态、推动变革，并营造必要的紧迫感。新战略的基础是针对领先的数据科学家打造的可重复使用产品的开发。埃德·鲍恩于 2020 年成为该业务的 AI 团队负责人，他拥有制药行业的遗传学数据科学背景，随即加快了对拥有数学和科学背景的博士和数据科学家的招聘工作。

顾问业务的 AI 团队已经开发并交付了 4 款产品，其中两款用于网络安全，一款用于检测医疗欺诈，一款涉及会计控制。网络安全是一个 AI 潜力巨大的领域，因为其中数据太多，人类无法全部监控和理解，并且网络犯罪分子本身也在越来越多地使用 AI。与咨询业务一样，顾问业务部门也开发了一个标准的 AI 平台，并汇集了若干大规模的数据资产。在德勤的所有业务部门中，顾问部门的 AI 方法是研究导向最显著的方法之一，其由尖端算法驱动。如果这种方法获得成功，那么战略增长机会将确保将其推广到其他业务部门。

在所有这些不同的业务领域，德勤都明确强调专业人士与智能机器密切合作，而不是自动化。目前，人类仍在承担着大部分任务。不过，未来的某个时刻可能会出现一个转折点，机器将为客户执行大部分任务，而人类只需确保这些机器正在执行人类预期的工作。当几乎所有的德勤员工都在与 AI 系统合作时，这可能表明 AI 在德勤的未来已经到来。

第一资本：从专注于分析到专注于 AI

正如我们在第 6 章中简要讨论的那样，第一资本长期以来被认为是一家数据驱动的金融服务机构。该公司于 1994 年从 Signet 银行拆分出来后成立，其成立背后的核心理念是基于信息的战略，即认为重要的运营和财务决策都应基于数据和分析。其创始人里奇·费尔班克（现任 CEO）和奈杰尔·莫里斯认为，数据和分析可以使该公司成为一家独特、高效且赢利的信用卡发行商。该公司通过分析来了解消费者的支出模式、降低信贷风险、改善客户服务。后来，第一资本进入零售银行和商业银行领域，其建立并收购了分支机构网络，然后进入了各种形式的消费贷款领域。该公司于 2002 年任命了全球第一位首席数据官。[2] 第一资本长期的首席信息官罗伯·亚历山大指出："我们正在利用数据和分析创建一家更好的消费金融服务公司。从很多方面来说，我们都是第一家大数据公司。"当托马斯·达文波特 2006 年撰写文章介绍在定量分析领域展开竞争的公司时，第一资本是少数几家专门围绕数据和分析制定战略的公司之一。[3]

但是，为了保持领先地位，公司需要不断创新。2011 年，面对银行业的颠覆现状，第一资本做出了一项战略决策，对其业务的众多方面进行彻底改造和现代化——从文化到运营流程，再到其核心技术基础架构。"从第一天开始，我们并不清晰了解这一切将如何长期展开，"亚历山大说，"我们的目标是到达这个目的地，并具备新的能力，让我们可以更快、更灵活地为客户服务。"转型的技术方面包括转向敏捷的软件交付模式，建立大规模的工程组织并招聘数千人从事数字方面的工作，成为云端原生的公司并为云端重建应用，以及坚持现代架构标准，如遵循 REST 架构规范的 API、微服务和基于开源基础的构建。

开始关注 AI

第一资本也加入了全力押注 AI 的行列。该公司最初在其信用卡业务和企业层面组建了两个大型机器学习团队，但最近这两个团队被合并为机器学习中心。各个部门都有数据科学家在创建模型，包括信用卡部门、风险部门、客户服务部门，甚至财务和人力资源等职能部门。第一资本还向客户提供了一款名为 Eno 的智能助理，Eno 能帮助客户完成欺诈警报和余额查询等任务。该公司高管表示，机器学习和 AI 的重点不仅仅在于信贷决策（信用卡发行商的经典应用），还在于客户互动和运营的方方面面。正如首席信息官罗伯·亚历山大所说："每次我们做出决策时，都是一次使用机器学习的机会——向哪些客户营销，向他们提供哪些产品，合作的条款是什么，提供什么奖励，设置什么支出限制，如何识别欺诈，等等。"

该公司的目标是基于流畅的客户体验预测客户需求，在客户需要时提供正确的信息和适合的工具，同时关注客户及其资金状况。目前 AI 和机器学习已经被应用到业务的几乎各个方面，但这段历程还远未结束。

向云端迁移

第一资本如何实现传统分析方法的现代化从而进入 AI 领域？亚历山大和他的同事认为，主要的答案是新一代的技术。亚历山大表示，在 2011 年前后，该银行的高管试图重新定义银行的未来。关键技术的成本急剧下降，客户迁移到的数字化渠道产生了更多的数据，并有可能更好地了解客户。云服务提供了大规模处理数据以及更轻松地集成不同数据的能力。亚历山大和他的同事得出结论：IT 公司构建基础架构解决方案不再具有意义。相反，他们应该专注于开发优质的软件和发展出色的业务能力来服务客户。

这种思路的主要成果就是将数据迁移到云端，而云端则成为第一资本 AI 工作的重要催化剂。该银行从数据中心的私有云开始，然后观察了亚马逊网络服务的发展情况，亚历山大认为自己的公司永远无法与亚马逊网络服务的规模和弹性竞争。该银行可以从软件驱动、大规模扩展、即时配置的云存储和计算能力中受益匪浅。亚马逊网络服务和其他公有云提供了创新的新型机器学习工具和平台。简言之，向云端迁移将在银行内部实现新一代技术的采用——不仅是 AI，还有移动和数字化客户体验。到 2020 年，第一资本关闭了最后一个数据中心，并将其所有应用和数据迁移到了亚马逊网络服务公有云。[4]

云服务如此重要的原因之一是第一资本正在越来越多地迁移到实时流数据环境。迈克·伊森是第一资本的资深人士，他现在担任企业数据、机器学习和企业工程部门的首席信息官。他说，在数据的数量和速度上，这家银行现在与专注于分析时期存在很大的不同。他在一次采访中评论道："我们在 20 世纪 90 年代使用的模型主要基于批次数据，即每月或每周的数据，最多也就是每天的数据。现在，我们拥有来自网络和移动端交易、ATM（自动取款机）、卡交易的大量流数据，我们需要对其进行实时分析，以满足客户需求并防止欺诈。我们有一个数据湖来存储数据，但我们越来越多地要在数据进来时进行分析。"

该银行机器学习中心的负责人阿比吉特·博思补充道："我们正在成为一家实时决策的公司，里奇·费尔班克经常谈论这个问题。我们最初是由分析驱动的，然后我们过渡到数据和云，现在实时决策是公司的重点。分析实时数据的模型将驱动银行的每一项功能和流程。"

第一资本对 AI 的全面重视只是其整体转型过程中的一个组成部分，尽管这是其中最重要的组成部分之一。第一资本的领导者（从创始人里奇·费尔班克开始）认为，在不久的将来，经济领域的赢家将会是拥有传统银行业务能力（最重要的是风险管理）的科技公司。费尔班克最初的愿景是创办一家几乎所有业务都基于数据和分析的银行，现在第一资本已经拥有庞大的数据库和实时 AI，他的愿景已经实现，而且得到了进一步的发展。罗伯·亚历山大认为，该银行正处于向技术密集型银行全面转型的早期阶段，该阶段的核心是基于 AI 的决策。

第一资本目前的 AI 重点

第一资本的一个重点是在整个银行大规模采用机器学习，几乎所有的关键业务流程都使用了机器学习模型，并且该银行还在不断地构建更多新模型和完善现有模型。比如，该银行目前的工作重点是利用 AI 来反击信用欺诈、为客户开发个性化的奖励方案以及发现 ATM 诈骗。它正在完善 Eno，以便为客户提供更好的建议，帮助他们改善财务状况。它可以预测在线和呼叫中心通话时客户的活动和需求。

作为机器学习中心的领导者，博思曾在多家 AI 领域领先的公司工作。很多数据科学家都拥有博士学位，但博思同时拥有工程力学博士和计算机科学与工程学博士双学位。他在一次采访中解释说，虽然第一资本仍然采用一些传统的分析方法，但目标是尽可能多地使用从数据中学习的模型（即机器学习）。大规模机器学习是博思和机器学习中心的一个关键重点，使用的方法包括标准平台、民主化、功能和算法库，以及大规模招聘和培训。

第一资本正在开发一个机器学习平台，随着时间的推移，该平台将为该银行开发、部署和维护模型的几乎所有方面提供帮助（已有数千个模型投入日常使用）。该平台的目标之一是防止数据科学家在整个银行内部以 10 种不同的方式做同样的事情，平台将提高他们的效率、有效性和工作满意度。该平台有助于使用各种库和工作流程自动化工具开发模型，包括功能库和自动机器学习工具。平台上的工具还以可重复和可搜索的方式捕获和存储模型训练和执行信息，比如参数和结果，以便对模型进行审计和重现。这些信息还可以帮助银行验证和部署模型。一旦该平台投入生产，其就会使用 MLOps 工具和方法定期检查模型是否存在漂移，并在必要时进行重新训练。在某些情况下（如使用 Eno 智能助理），重新训练会自动进行，有时则是通过银行的标准监管办公室进行人为监督。

即使在负责任的 AI 领域（机器学习中心的一个主要重点），博思也表示，该银行希望尽可能在流程中实现规模化和自动化。它通过将可解释性、公平性和伦理考虑作为目标嵌入机器学习平台，以寻求目标的最大化。可解释程序库和自动偏见检测程序将成为该平台的组成部分。几行代码将调用一个偏见检测库，其结果将被汇总并附加在一份文件中，该文件将被发送给模型风险官。

第一资本还在大量招聘 AI 人才，已经招聘了数千名机器学习和相关领域的软件工程师。2021 年，该银行还为此前在银行从事其他工作的机器学习工程师制订了 160 小时的内部培训计划。博思表示，该计划已经得到了员工非常积极的回应，现在第一批员工已经加入该计划。机器学习中心和人力资源部门最近为机器学习工程师的职位开发了一份职业规划，包括职业发展、薪酬和新员工招聘广告，这样的职业规划已经为数据科学家、研究科学家和数据工程师等其他职位开发过。第一资本在美国 7 所大学设有孵化器或实验室，并计划为其生态系统增加更多的内容。未来，大学的教员可能会周期性地进出第一资本，享受为期 6 个月的学术休假来参与机器学习计划。

首席信息官亚历山大提出并回答了一个关键问题："为什么传统银行业还没有被科技公司颠覆？这种情况在某个时候可能会出现，但我们有机会颠覆自己的行业。"事实上，第一资本正在从科技公司招聘一些最优秀、最聪明的 AI 人才。博思之前曾在脸书担任高级 AI 职务，该银行 AI 和机器学习产品部门的执行副总裁罗布·普尔恰尼来自亚马逊，他是亚马逊最早领导 Echo 智能音箱与 Alexa 智能助手业务的高管之一。显然，第一资本的领导层打算使公司在技术采用、数据管理以及机器学习方面不逊色于其他任何公司，以打造造福客户的应用。曾经在定量分析领域竞争的一些公司，现在又在 AI 领域竞争，第一资本就是一个典型的实例。

CCC 智能解决方案：从以数据为中心到以 AI 为中心

全力押注 AI 的第三条途径是公司利用其广泛的数据资产和业务生态系统。你可能不知道有一家 AI 密集型的中型公司正在利用先进的技术帮助汽车保险公司。如果你遭遇了一场车祸并需要花费大量精力来维修受损车辆，那么你很可能会从这家公司的数据、生态系统和基于 AI 的决策中受益。CCC 成立于1980年，公司的全称是认证抵押品公司。该公司成立的初衷是向保险公司提供汽车估价（抵押）信息，以确定被盗或受损车辆的损失价值。1986年，公司更名为CCC信息服务，2021年更名为CCC智能解决方案，这也反映了该公司在为客户提供的服务中使用了AI。

40多年来，CCC不断发展，已经搜集和管理着越来越多的数据，与汽车保险经济中的各方建立越来越多的关系，并通过数据、分析以及最终的AI做出越来越多的决策。在过去的20多年里，该公司一直由吉蒂斯·拉马穆尔蒂领导，他此前是公司的首席技术官。CCC一直稳步增长，年收入接近7亿美元。与我们在本书中提到的大多数公司相比，这是一家中型公司，它提供了一个例子，表明不同规模的公司都可以在其业务中采用积极的AI方法。

从数据到AI

一家公司可以基于其广泛的数据打造AI能力，CCC就是这样的一个例子。它的机器学习模型基于超过一万亿美元的历史理赔数据、几十亿幅历史图像以及有关汽车零部件、维修店、碰撞伤害、法规和众多其他实体的数据。通过远程信息处理和物联网传感器，该公司还拥有超过500亿英里的历史驾驶数据。它向由 300 多家保险公司、超过 2.6 万家维修机构、超过 3 500 家零部件供应商以及所有主流汽车 OEM（原始设备制造商）组成的庞大生态系统提供数据，并越来越多地提供决策建议。该公司的目标是将这些不同的组织连接成一个无缝网络，以便快速高效地处理事故索赔。所有这些事务都在云端进行，而 CCC 的系统自 2003 年以来就一直是基于云的。该公司通过云端服务连接了 3 万家公司、50 万名个人用户和价值 1 000 亿美元的商业交易。

　　CCC 在业务的很多方面都使用 AI。一份投资者介绍描述了其一系列代表客户做出的决策是基于 AI 的（至少部分是），包括下面这些。

- 在所有的网络参与方中，谁需要介入解决该特定事件？
- 适用的本地费率和价格是什么？
- 适用于哪些地方法规？
- 本地表现最佳的（碰撞维修）提供商是谁？
- 此特定车辆的确切损坏情况是什么？需要采取什么措施进行维修？
- 发生或未发生的伤害有哪些？
- 解决问题的确切成本是多少？

这些决策是通过基于规则的系统与机器学习的某种组合做出的。然而，即使是基于规则的决策，也会利用公司广泛的数据库。15 年前，CCC 就开始开发第一个基于规则的决策系统（当时被称为"专家系统"）。

AI 的采用发生在维修流程的多个环节，例如，在该流程的开始，通常在首次发出损失通知时启动，即保险公司首次收到受保车辆发生碰撞、被盗或损坏的消息时。此时，AI 可以开始在替代工作步骤中做出决策。远程信息数据可用于加速发出损失通知，而无须等待客户报告。机器学习模型可以预测车辆能够修复还是完全损失——对保险公司来说，这是一个重要而昂贵的决定。CCC 的模型取代了纸质清单，而且速度更快、准确度也提高了 4~5 倍。在随后的流程中，CCC 的 AI 系统会权衡哪种维修设施最适合这种情况，被保险的司机和乘客受到伤害会产生什么影响，以及参与此流程的各方是否存在欺诈行为。一位保险公司高管告诉我们，CCC 面临的挑战是找到不将整个理赔流程交给公司的方法。

基于图像估算的漫长道路

或许，要想说明 CCC 正在从数据驱动的业务向 AI 驱动的业务转型，最好的方法是将其基于车辆图像的碰撞维修自动估算（或者至少是半自动估算）的历程联系起来。这家公司在历史上积累了几十亿幅图像，但大部分时间里这些图像都被理赔员用来评估和记录损坏情况。此外，在 CCC 历史上的大部分时间里，这些图像都是由理赔员在车辆受损现场拍摄，或由维修现场方拍摄的。这些图像需要配备特殊显卡的专业相机来存储和发送。

但是，在近 10 年前，拉马穆尔蒂注意到非专业照相机正在飞速进步，甚至正在被整合到智能手机中。他设想有一天，受损车辆的车主能够为自己的车辆拍摄照片。他要求公司时任首席科学家弄清楚这能否作为碰撞损伤的图像。他聘请了几位顶尖大学的教授来帮助探究这个问题。不久之后，拉马穆尔蒂开始注意到有关图像分析的一种新型 AI 方法——深度学习神经网络。通过足够的训练数据，这种方法有时甚至可以超过人类的能力。很明显，GPU 分析图像的速度非常快，因此 CCC 从当时唯一的供应商英伟达那里购买了一些。与传统的 CPU 不同，GPU 将一个数学问题分解成更小的问题，然后并行求解，只需几个小时或几分钟，就可以完成 CPU 需要数天、数月甚至数年时间完成的工作。

最终，拉马穆尔蒂断定，确实有可能开发出一种图像分析解决方案。他召集了一批才华横溢的数据科学家，学习如何将照片对应到不同车辆的结构上，以及如何对照片进行注释或标注以训练模型。CCC 有 10 亿张照片和价值 1 万亿美元的理赔记录可供训练 AI。2018 年，该团队在公司的研究实验室里运行了一些出色的原型，但接下来的挑战变成了将该解决方案集成到 CCC 和客户的工作流程中。寻找一套适用于每一辆车、每一位客户和每一种维修方式的生产系统是令人备感压力的。该系统还需要设置明确的门槛，规定何时应该使用、何时不应该使用，并对 AI 算法设置围栏。

CCC 的首席产品官希瓦尼·戈维尔讨论了解决所有这些问题如何又花了 3 年左右的时间。这套系统在面向用户时，还需要一些基本的构件。她举例说："AI 驱动的照片评估需要采用能够从移动设备上捕捉数据和高分辨率照片的移动解决方案。"到 2021 年年中，该系统已准备好进行生产部署。USAA 保险公司是第一批客户之一。在《华尔街日报》的一篇关于采用该系统的文章中，USAA 的财产和意外事故部门总裁吉姆·希林评论说："这是我们第一次使用支持 AI 的软件来处理端到端的汽车保险估算。"他还称，新平台为首个完全非接触式的理赔服务。[5]

这些能力并不是要取代人工，而是为了帮助用户做更多的事情，让他们能专注于与客户共情互动，或者专注于那些无法通过 AI 准确解决的困难案例。

基于数据和 AI 不断发展

数据将持续流入 CCC，并将用于改进估算模型及其他模型的预测。这将有助于 CCC 客户做出更好的决策，从而有可能为 CCC 带来更多业务。这种"更多数据—更好的模型—更多业务—更多数据"的良性循环，使得生态系统结构与 AI 的结合体变得非常强大。

公司不断发展壮大，并不断对人才库进行投资，以便在理赔的整个生命周期中充分利用 AI 和数据科学技术。最近刚加入 CCC 的戈维尔来自企业软件和 AI 技术领域，该公司正在积极招聘将技术领导力与垂直行业深度相结合的人才。戈维尔阐述道，这是保险行业激动人心的时刻，因为数字化转型、汽车互联数据和 AI 正在为整个保险生态系统创造增长机会和新的工作方式——这是吸引她加入该公司的关键驱动因素之一。

更好的照片和图像分析并不是影响汽车保险行业的唯一技术变革。很多汽车和卡车已经配备了高级驾驶辅助系统，人们普遍认为无人驾驶汽车也即将问世。更多的保险公司正在转向基于司机行为的"按里程付费"保险。CCC 再次从数据开始，最终致力于将数据应用于决策。该公司已经推出了一款名为

CCC VIN Connect 的服务，该服务可以捕捉发生碰撞时车辆上安装的任何高级驾驶辅助系统设备的数据以及该车辆的驾驶行为记录。拉马穆尔蒂表示，当无人驾驶汽车投入使用时，CCC计划为保险公司提供解决方案，让保险公司了解事故的责任方或过失方。当然，由于无人驾驶汽车的很多技术细节仍不确定，为保险公司规划和开发此类系统，CCC需要进行长期的技术押注，就像它曾经押注自动图像识别用于碰撞维修服务一样。

Well：从零开始到 AI 驱动的初创公司

我们的最后一个案例研究，并不是从传统业务模式开始，然后进入 AI 领域的。相反，它是一家在成立之初就以 AI 为核心的初创公司。本书的重点是关注传统企业，在拥抱 AI 之前，这些企业不得不努力应对现有的技术、流程和战略。一般来说，初创公司打造 AI 能力要容易得多，所以我们并没有特别关注它们。那么，为什么要在本书的最后介绍一个初创公司案例呢？

这样做有三个原因。第一，AI 初创公司的经历与传统公司必须经历的过程形成了有益的对比。在大型传统公司中进行重大变革可能极具挑战性。在了解了一家 AI 优先的初创公司后，一些传统公司可能倾向于成立独立的业务部门，然后将这种方法扩大规模。它们还可能收购那些已经成功创建了 AI 系统和业务流程或模型的初创公司，然后以新的方式运营。

讨论这家初创公司的第二个原因是它的关注点。在前面的章节中，我们介绍了一些公司，它们的主要关注点是使用 AI 改变客户行为，但大多数公司在这个过程中并没有走得太远。通过多种方式影响健康行为，是我们在本章将要介绍的初创公司的关注点。

第三，这家初创公司的董事长、CEO 兼联合创始人加里·洛夫曼在之前任职的公司中积累了大量定量分析和 AI 方面的经验，他对成熟公司与初创公司之间的差异有一些有趣的想法。

这家初创公司就是 Well，一家行为健康初创公司。洛夫曼曾在哈佛商学院担任教授，之后担任哈里斯公司的 CEO，哈里斯公司后来更名为恺撒娱乐公司。他因倡导在恺撒的业务中全面使用定量分析而闻名。离开恺撒娱乐后，他在一家大型医疗保险公司领导一个新的业务部门，该部门专注于使用数据、分析和 AI 来改变消费者的健康状况。由于难以修改现有的系统和流程，他发现很难打造新的服务。他举例说，仅仅搜集公司会员的手机号码和电子邮件地址，并将其添加到公司的数据库中（这是提供定期健康传播所必需的），就需要花费 3 000 万美元。后来这家医疗保险公司被收购了，但新老板对洛夫曼领导的业务部门没什么兴趣，于是洛夫曼决定离开并创立一家初创公司。

Well 致力于让人们变得更健康，而不是在人们生病时才进行治疗。截至本书撰写之时，该公司才成立一年多，但已经从风险投资机构和其他投资者那里获得了 6 000 多万美元的融资。洛夫曼说，健康保险公司的大多数疾病管理计划都集中于 5% 的会员，他们将占据 70% 的护理工作和成本，但 Well 为存在各种健康状况的所有会员提供服务。该公司与企业主、社区卫生组织和消费者合作，让人们关注自己的健康，并为他们提供基于 AI 和人类的健康建议。

该公司的基本概念类似于我们在第 5 章中介绍的宏利保险、平安集团以及其他大型保险公司与 Vatality 的合作，但 Well 提供的建议和行动指引更加个性化。在其他公司提供的是通用运动和营养提醒时，Well 可能会针对特定情况推荐具体的预防措施、诊断测试、睡眠建议或减少糖摄入的建议。与该领域的其他公司一样，Well 也提供奖励，但奖励是个性化的。那些高度遵守规定（比如按时服药、准时赴约等）的会员因为良好的健康行为而获得的奖励较低，那些在遵守规则方面得分较低的人会获得更高的奖励。

模型的数据和训练

Well 使用机器学习为其个性化推荐提供支持，当然这些模型必须基于数据进行训练。Well 的数据主要来自保险理赔，以及某些会员的电子病历记录。理赔数据通常是 3 个月之前的，但 Well 会通过会员对问题的主观回答以及会员对应用程序的响应来补充数据。在某些情况下，Well 可以通过会员的智能手表等设备搜集数据。必要时，Well 还会要求会员在一份简短的调查中介绍自己健康状况的各个方面，就像患者可能在急救中心填写调查表那样。

最近的一项监管改革允许消费者要求保险公司提供其 3 年的理赔数据，而 Well 则简化了从保险公司获取数据的过程。随后，Well 会搜集这些信息，并将这些会员的健康状况与具有类似人口统计特征的其他人进行比较。

Well 的首席技术官奥兹·阿塔曼告诉我们，这些模型本身就是传统的预测性机器学习与因果效应推理的混合体，用于在替代情景下进行反事实的预测。[6] 随着时间的推移，该公司正在有效地为多种健康干预措施提出建议，因此它需要规划一系列临床内容信息——从建议到相关文章，再到 21 天的历程，这些信息最有可能在会员中产生其所期望的行为。这组复杂的模型还需要一套明确的临床路径和护理干预流程，以应对常见的健康状况。

Well 已经在糖尿病、行为和心理健康、高血压、睡眠障碍等领域开创了多种临床途径（二三十种）。阿塔曼认为，该公司的 AI 不太适合模式检测，而是主要用于个性化，即了解每位会员在护理（临床护理或自我护理）方面的差距，并根据这些差距呈现最有可能导致期望的行为结果的临床内容。

为了开发和部署这些模型，Well 需要招聘一批有才华的人。例如，一个数据科学家团队构建了机器学习模型；一个由医生、护士和药剂师组成的临床团队开发了临床路径和流程，并且该团队为会员汇总或创建医疗健康的内容；一个奖励和激励团队负责找出能够激励健康行为的奖励；一个产品团队开发网站和移动用户界面。大多数员工是开发应用程序的计算机工程师。该公司在世界各地共有约 100 名员工。

初创公司与传统公司

在领导一家大型上市公司和另一家公司的一个部门之后，洛夫曼领导了一家 AI 初创公司，这是一种相对罕见的情形。他发现，对之前担任的职位而言，重大的系统和流程变更充其量只能算是具有挑战性。但是在 Well，他说他的团队可以用最新的模块化软件打造新的软件（AI 及其他），他们可以很轻松地为需要连接的任何其他系统创建 API。摆脱传统公司，意味着摆脱传统技术。

当然，他说初创公司 CEO 的角色是完全不同的。他评论道：

> 在大公司，所有的事情都由员工来做——你自己什么都不做。现在几乎所有的事情都是我自己做。我没有花时间跟州长和参议员在一起，而是花了大量的时间与我的工程师们在一起。我非常注重亲力亲为并参与业务的实质内容，包括技术。在创立这家公司之前，我做了大量的研究，以确保技术和商业模式可行。我开始相信，团队支持、个性化关注、频繁接触以及激励等措施相结合，可以帮助患有高血压、糖尿病的患者以及有体重问题或其他疾病的患者。我们已经在成千上万人身上得到验证，但我们希望很快能有更多人参与进来。

阿塔曼与洛夫曼曾在恺撒娱乐和其他一些大公司共事，阿塔曼也表示，大多数传统公司的系统最初都是为了记录业务而构建的。Well 的系统打造理念，从一开始就是为了预测哪些轻微"诱饵"会改变一名会员的健康行为。这是一种完全不同的产品设计，除非它是公司的首要目标，否则很难实现。

AI 应用的经验和教训

其他公司可以从上述公司的 AI 历程中获得一些重要的经验和教训，我们将在本书的结尾介绍其中的几条。

- 了解自己希望通过 AI 实现什么目标。这些公司对于自己希望通过 AI 在业务中实现什么目标都有一套清晰的想法。对德勤来说，它的目标是减少专业人员的繁重工作，提高服务质量。对第一资本来说，它的目标是减少摩擦，让客户更容易获得银行服务。CCC 致力于减轻汽车保险公司及其客户在遭遇车辆损坏时的管理负担。Well 正在利用 AI 帮助客户实践健康的行为。当然，所有这些公司都希望利用 AI 在财务上获得更大的成功，但这本身还不足以成为确定和开发 AI 用例的目标。

- 从定量分析开始。这些公司的大多数在进军 AI 领域之前，就已经在定量分析方面采取了重大举措。当然，

Well 是个例外，因为它是一家 AI 初创公司，但当 CEO 加里·洛夫曼领导哈里斯和恺撒娱乐时，他就大力提倡通过定量分析展开竞争（如托马斯·达文波特之前的一本书中所写）。我们所介绍的德勤的 4 个业务部门在转向 AI 之前，每个部门都在进行分析活动，包括内部分析和客户分析。正如我们在本章所介绍的，第一资本是另一个在分析领域展开竞争的绝佳例子。CCC 从一开始就提供了汽车损坏和维修等不同方面的分析。当然，AI 还包括其他不基于定量分析的技术，包括自动行动、机器人、元宇宙等。但任何形式的机器学习都以定量分析为核心。

- 减少"技术债务"并创建模块化、灵活的 IT 架构。关于他在前雇主的传统 IT 架构方面所面临的挑战，加里·洛夫曼的评论发人深省。如果你想要开发 AI 用例并将其轻松部署到你的 IT 架构中，那么你就需要一个灵活的模块化基础架构，该架构主要通过 API 与公司内部和外部进行通信。从长远来看，即使在需要之前就准备好这样的 IT 架构也是值得的。如果你不能在一家传统公司开发这样的架构，那么你可能需要将公司进行拆分或与一家没有任何未偿还技术债务的初创公司合作。

- 将一些数据和 AI 应用放到云端。本章和书中其他章节介绍的几家公司（包括第一资本和 CCC）将它们在 AI 方面取得的巨大成功在很大程度上归于将数据迁移到云端。尽管有时出于监管或系统响应的原因可能需要内建式系统，但在云端拥有数据通常意味着更容易打造来自不同数据源的 AI 用例。拥有内建式数据孤岛可能意味着数据科学家将花费大量时间尝试访问和集成数据。

- 考虑如何将 AI 与员工和客户的工作流集成。不灵活的业务流程可能与传统 IT 架构一样具有限制性。本章中介绍的每家公司都在努力将 AI 功能与员工或客户的日常工作流集成起来。德勤在审计业务中采用的简化和标准化方法是改进此类流程的一种方法。我们介绍的其他公司（如壳牌），正在重新引入业务流程再造的思想，以便进行更彻底的流程变革。

- 整理一些数据资产。对银行等行业来说，数据通常不成问题，但本章所介绍的其他公司在很大程度上是基于它们能够汇集的数据来推动其 AI 策略的。整合来自客户业务系统的数据，可能是德勤 AI 历程中最具挑战性的部分。CCC 在尚未变革商业模式时就开始积累数据，因此为转向基于 AI 的模式做好了充分准备。当监管方面的变化让客户能够访问自己的医疗保险理赔数据时，Well 的商业模式就变得可行了。

- 创建 AI 治理和领导结构。德勤在 AI 投资和治理方面采用了战略计划结构，为其多样化的专业服务业务部门提供了有益的重叠。贾森·吉扎达斯全面领导了将 AI 集成到其专业服务业务的工作。第一资本、CCC 和 Well 的 CEO 都长期而深入地专注于数据、分析和 AI，并确保它们在战略和业务模式中的成功应用。

- 建立及储备 AI 人才中心。本章及本书其他部分提到的每家专注于 AI 的公司都意识到，要想在各自的历程上取得成功，它们需要在 AI、数据工程和数据科学领域拥有大量的人才。德勤开发了这些人才资源，并使其既供内部使用，也服务于咨询客户。第一资本拥有一大批数据科学家和机器学习工程师。CCC 拥有一个相互连接的数据科学和数据工程团队。Well 的数据科学家对其开发推荐和奖励模型的能力至关重要。

- 做好投资准备。开发 AI 能力的花费并不低，本章中的公司在这方面都投入了大量资金。德勤为 AI 项目建立了一个特殊的投资工具。第一资本正在大力投资机器学习平台、能力和人员。CCC 于 2021 年上市，并计划将近 10 亿美元投资于其为客户提供的 AI 和数据能力。Well 将筹集的 6 500 万美元中的大部分用于 AI 和系统能力开发。

- 与生态系统合作。我们讨论过的一些公司（如 CCC），拥有基于生态系统的商业模式。但所有公司都与业务合作伙伴密切合作。德勤与英伟达等 AI 技术合作伙伴关系密切。第一资本与其云合作伙伴亚马逊网络服务以及外部服务供应商组织密切合作。CCC 拥有一个由保险公司、维修店、零部件供应商和其他公司组成的令人难以置信的生态系统。Well 与保险公司、社区卫生组织和雇主企业合作良好。此外，一家公司如果没有与技术合作伙伴建立牢固关系，就不可能在 AI 领域取得成功。正如我们所介绍的，一些最有效的基于 AI 的商业模式是围绕生态系统和平台构建的。

- 在整个公司打造解决方案。对中小型公司来说，AI 解决方案理所当然要适用于整个公司。但对大型企业而言，情况并非总是如此。然而，德勤和第一资本的案例表明，采取全公司范围内实施的方法可以产生可观的效益。其中包括跨业务部门和职能部门共享解决方案，为客户创造更加顺畅的体验，以及为 AI 开发人员提供从事不同类型项目的机会。整个公司范围内的 AI 治理结构和人才中心将使这种全面的方法更加可行。

这些来自正在进行 AI 转型的公司的经验和教训，可以帮助任何公司朝着同一个方向前进。我们相信，AI——无论是战略性应用还是大规模应用——对于未来几乎所有公司的成功都至关重要。数据正在快速增长，这种情况不会改变。AI 是一种大规模理解数据并在整个公司范围内做出明智决策的手段，这一点也不会改变。AI 将会一直存在，那些以充满活力和智慧的方式应用 AI 的公司，可能会在未来几十年里主导其所在的行业。

致　谢

　　如果不是有很多勇敢的高管在公司的业务中应用 AI，并试图让公司成为行业的领导者，然后愿意与我们谈论他们经历的成功与挣扎，我们就不可能写出本书。因此，按照他们公司名字的英文首字母顺序，我们要感谢空客公司的法布莱斯·瓦伦汀和罗马瑞克·雷登；安森保险的拉吉耶夫·罗南基、阿肖克·陈努鲁和肖恩·王；布罗德研究所的卡罗琳·乌勒和安东尼·菲利帕基斯；CCC 智能解决方案的吉蒂斯·拉马穆尔蒂、西瓦尼·戈维尔和马克·弗莱德曼；克利夫兰诊所的克里斯·多诺万；星展银行的高博德和萨米尔·古普塔；德勤（作为书中案例）的贾森·吉扎达斯、乔恩·拉斐尔、埃德·鲍文、伊尔凡·赛义夫、胡安·泰洛、贝丝·穆勒和阿多尼·卡拉齐斯；礼来公司的维平·戈帕尔；克罗格与 84.51° 的米伦·马哈德万和他的几位同事；宏利保险的乔迪·沃利斯；摩根士丹利的杰夫·麦克米兰；平安集团的肖京；半径金融集团的基思·波拉斯基；丰业银行的菲尔·托马斯、格蕾丝·李和皮特·赛雷尼塔；壳牌公司的丹·杰文斯；联合利华的安迪·希尔和贾尔斯·帕维；Well 的加里·洛夫曼和奥兹·阿塔曼。他们所有人都慷慨地奉献了自己的时间和想法。

德勤的一个团队，包括黛布拉·斯托拉里克、金·科尔德斯、詹妮弗·奥尼尔、梅丽莎·诺伊曼、杰米·帕尔梅罗尼－拉维斯、克里斯蒂娜·斯考比、杰里米·科维特和查理·陈，为本书的每一步提供了帮助。特别感谢凯特·施密特和桑吉娜·贾恩，是她们让我们的工作走上正轨，并管理了时间表、关系、复杂问题和审批，使本书取得了成功；还要感谢桑迪·维塔斯，她推动了尼廷的时间表。没有这些人，本书可能会拖延到 2026 年出版。最后，要感谢比娜·阿玛纳斯，是她从一开始就建议我们写书。

托马斯·达文波特要感谢妻子乔迪给予的支持、安慰和爱，以及 40 年来对他的包容。他还非常感激他的狗潘乔，当他在写本书的大部分内容时，它就躺在他的脚边。尼廷·米塔尔要感谢贾森·吉扎达斯的领导、安德鲁·瓦兹的灵感、戴夫·库图尔的指导、伊尔凡·赛义夫的合作、杰克·鲁西的友谊、艾米·费恩的指导、安巴尔·乔杜里的远见、马特·戴维的坚定、西田·亨利的开拓精神、科斯蒂·皮利克斯对 AI 的热情以及乔·乌库佐格鲁对未来的信念。就个人而言，尼廷要感谢他的妻子芳鼓励他成为一名作者，并为了整个社会的利益讲述他的经历和观察。对于他的儿子阿德里安，尼廷希望本书能激励他在未来几年实现自己的愿望。

注 释

前 言

1. 皮查伊的演讲稿，参见 *The Singju Post*, May 18, 2017, https://singjupost. com/google-ceo-sundar-pichais-keynote-at-2017-io-conference-full-transcript/。

2. Jack Clark, "Why 2015 Was a Breakthrough Year in Artificial Intelligence," *Bloomberg*, December 8, 2015, https://www.bloomberg.com/news/articles/ 2015-12-08/why-2015-was-a-breakthrough-year-in-artificial-intelligence.

3. Ash Fontana, *The AI-First Company: How to Compete and Win with Artificial Intelligence* (London: Portfolio, 2021).

4. Thomas H. Davenport, "The Future of Work Now: Intelligent Mortgage Processing at Radius Financial Group," *Forbes*, May 4, 2021, https:// www.forbes.com/sites/tomdavenport/2021/05/04/the-future-of-work-now-intelligent-mortgage-processing-at-radius-financial-group/?sh=71bfdec2713a.

5. 更多细节，参见 Davenport, "The Future of Work Now"。

6. Airbus website, https://www.airbus.com/en/innovation/industry-4-0/artificial-intelligence, accessed December 27, 2021.

7. Ping An Technology website, https://tech.pingan.com/en/, accessed December 27, 2021.

8. See, for example, Thomas H. Davenport, "Competing on Analytics," *Harvard Business Review*, January 2006, https://hbr.org/2006/01/competing-on-analytics, or Thomas H. Davenport and Jeanne Harris, *Competing on Analytics*: *The New Science of Winning* (Boston: Harvard Business Review Press, 2007; updated and with a new introduction 2017).

9. 德勤是指 DTTL（也称"德勤全球"）机构网络及其相关实体中的一家或多家。DTTL 及其每个成员机构均为具有独立法律地位的实体。

DTTL 并不向客户提供服务。在美国，德勤是指 DTTL 的一个或多个美国成员机构、其在美国使用"德勤"名称经营的相关实体及其各自的附属机构。根据公共会计规则和条例，某些服务可能无法为客户提供证明。了解更多有关其全球成员机构网络的信息，请访问 www.deloitte.com/about。

第 1 章　AI 驱动意味着什么

1. Sundar Pichai, "A Personal Google, Just for You," Official Google Blog, October 4, 2016, https://googleblog.blogspot.com/2016/10/a-personal-google-just-for-you.html.

2. Deloitte, "State of AI in the Enterprise" Survey, 3rd edition, 2020, https://www2.deloitte.com/cn/en/pages/about-deloitte/articles/state-of-ai-in-the-enterprise-3rd-edition.html.

3. 除非另有说明，所有陈述和引用均来自作者进行的采访。

4. IBM Watson Global AI Adoption Index 2021, https://filecache.mediaroom.com/mr5mr_ibmnews/190846/IBM's%20Global%20AI%20Adoption%20Index%202021_Executive-Summary.pdf.

5. Sam Ransbotham et al., "Winning with AI: Findings from the 2019 Artificial Intelligence Global Executive Study and Research Report," *MIT Sloan Management Review*, October 15, 2019, https://sloanreview.mit.edu/projects/winning-with-ai/.

6. Deloitte, "State of AI in the Enterprise" Survey, 2nd edition, 2018, https://www2.deloitte.com/us/en/insights/focus/cognitive-technologies/state-of-ai-and-intelligent-automation-in-business-survey-2018.html.

7. Thomas H. Davenport and Randy Bean, "Companies Are Making Serious Money with AI," *MIT Sloan Management Review*, February 17, 2022, https://sloanreview.mit.edu/article/companies-are-making-serious-money-with-ai/.

8. Thomas H. Davenport and Julia Kirby, *Only Humans Need Apply: Winners and Losers in the Age of Smart Machines* (New York: Harper Business, 2016); also Thomas H. Davenport and Steven Miller, *Working with AI: Real Stories of*

Human-Machine Collaboration (Cambridge, MA: MIT Press, 2022).

9. Thomas H. Davenport, "Continuous Improvement and Automation at Voya Financial," *Forbes*, December 9, 2019, https://www.forbes.com/sites/ tomdavenport/2019/12/09/continuous-improvement-and-automation-at-voya-financial/?sh=4f8441ac46a4.

10. Deloitte, "State of AI in the Enterprise" Survey.

11. Veronica Combs, "Guardrail Failure: Companies Are Losing Revenue and Customers Due to AI Bias," *TechRepublic*, January 11, 2022, https://www. techrepublic.com/article/guardrail-failure-companies-are-losing-revenue-and-customers-due-to-ai-bias/.

12. Reid Blackman, "If Your Company Uses AI, It Needs an Institutional Review Board," *Harvard Business Review*, April 1, 2021.

13. John Hagel and John Seely Brown, "Great Businesses Scale Their Learning, Not Just Their Operations," *Harvard Business Review*, June 7, 2017, https://hbr. org/2017/06/great-businesses-scale-their-learning-not-just-their-operations.

14. Zheng Yiran, "AI Strikes Note of Confidence in Arts," *China Daily*, September 23, 2019, https://global.chinadaily.com.cn/a/201909/23/WS5d882 a3da310cf3e3556ce14.html.

第 2 章　人性的一面

1. Randy Bean and Thomas H. Davenport, "Companies Are Failing in Their Efforts to Become Data-Driven," *Harvard Business Review*, February 5, 2019, https://hbr.org/2019/02/companies-are-failing-in-their-efforts-to-become-data-driven.

2. Joanna Pachner, "Choice President: Why Sarah Davis Is the Leader Loblaw Needs Right Now," *The Globe and Mail*, January 28, 2020, https://www. theglobeandmail.com/business/rob-magazine/article-choice-president-why-sarah-davis-is-the-leader-loblaw-needs-right-now/.

3. Deloitte Insights, "2021 State of AI in the Enterprise," Survey Report, 4th Edition, https://www2.deloitte.com/content/dam/insights/articles/US144384_

CIR-State-of-AI-4th-edition/DI_CIR-State-of-AI-4th-edition.pdf.

4. Thomas H. Davenport and Ren Zhang, "Achieving Return on AI Projects," *MIT Sloan Management Review*, July 20, 2021, https://sloanreview.mit.edu/article/achieving-return-on-ai-projects/.

5. Deloitte Insights, "2021 State of AI in the Enterprise."

6. 这一部分取材自 Thomas H. Davenport and George Westerman, "How HR Leaders Are Preparing for the AI-Enabled Workforce," *MIT Sloan Management Review*, March 17, 2021, https://sloanreview.mit.edu/article/how-hr-leaders-are-preparing-for-the-ai-enabled-workforce/。

7. J. Loucks, T. Davenport, and D. Schatsky, "State of AI in the Enterprise, 2nd Edition: Early Adopters Combine Bullish Enthusiasm with Strategic Investments," PDF file (New York: Deloitte Insights, 2018), https://www2.deloitte.com.

8. T. Cullen, "Amazon Plans to Spend $700 Million to Retrain a Third of Its US Workforce in New Skills," CNBC, July 11, 2019, https://www.cnbc.com/2019/07/11/amazon-plans-to-spend-700-million-to-retrain-a-third-of-its-work force-in-new-skills-wsj.html.

9. Wei-Shen Wong, "DBS Bank Grows Its Team of Data Translators," Waters Technology, July 29, 2019, https://www.waterstechnology.com/data-management/4456596/dbs-bank-grows-its-team-of-data-translators.

10. "JPMorgan Chase Makes $350 Million Global Investment in the Future of Work," JPMorgan Chase press release, March 18, 2019, https://www.jpmorganchase.com/news-stories/jpmorgan-chase-global-investment-in-the-future-of-work.

11. Erik Brynjolfsson, Tom Mitchell, and Daniel Rock, "What Can Machines Learn, and What Does It Mean for Occupations and the Economy?" *AEA Papers and Proceedings*, May 2018, pp. 43–47, https://www.aeaweb.org/articles?id=10.1257/pandp.20181019.

12. Davenport and Westerman, "How HR Leaders Are Preparing for the AI-Enabled Workforce."

13. Thomas H. Davenport, "Building a Culture that Embraces Data and

AI,"*Harvard Business Review*, October 28, 2019, https://hbr.org/2019/10/building-a-culture-that-embraces-data-and-ai.

第 3 章　战略

题词摘自 Alex Connock and Andrew Stephen, "We Invited an AI to Debate Its Own Ethics in the Oxford Union—What It Said Was Startling," *The Conversation*, December 10, 2021, https://theconversation.com/we-invited-an-ai-to-debate-its-own-ethics-in-the-oxford-union-what-it-said-was-startling-173607。

1. Sam Ransbotham et al., "The Cultural Benefits of Artificial Intelligence in the Enterprise," *MIT Sloan Management Review Report*, November 2, 2021, https://sloanreview.mit.edu/projects/the-cultural-benefits-of-artificial-intelligence-in-the-enterprise/.

2. Steven LeVine, "Our Economy Was Just Blasted Years into the Future," Medium website, May 25, 2020, https://marker.medium.com/our-economy-was-just-blasted-years-into-the-future-a591fbba2298.

3. Roberto Baldwin, "Self-Driving Cars Are Taking Longer to Build than Everyone Thought," *Car and Driver*, May 10, 2020, https://www.caranddriver.com/features/a32266303/self-driving-cars-are-taking-longer-to-build-than-everyone-thought/.

4. Thomas H. Davenport, "Getting Real about Autonomous Cars," MIT Initiative on the Digital Economy blog post, April 3, 2017, https://ide.mit.edu/insights/getting-real-about-autonomous-cars/.

5. Job description for "Research Scientist, Machine-Assisted Cognition," Toyota Research Institute, https://www.simplyhired.com/search?q=toyota+research+institute&job=IKITbaYj1djMYyHDHXyGr-9sbM2sxZvZ5eCw4DFFo2fIRUkQGllRXw, accessed August 2, 2021.

6. "Toyota Research Institute Bets Big in Vegas on 'Toyota Guardian' Autonomy," Toyota press release, January 7, 2019, https://pressroom.toyota.com/toyota-research-institute-bets-big-in-vegas-on-toyota-guardian-autonomy/.

7. James Burton, "The World's Top-10 Wealth Management Firms by AUM," Wealth Professional website, May 5, 2021, https://www.wealthprofessional.ca/news/industry-news/the-worlds-top-10-wealth-management-firms-by-aum/355658.

8. See, for example, https://www.forbes.com/sites/barrylibert/2019/10/29/platform-models-are-coming-to-all-industries/?sh=4ccb418962e7.

9. 有关业务生态系统的更详细的讨论，参见 Arnoud De Meyer and Peter Williamson, *The Ecosystem Edge* (Palo Alto, CA: Stanford Business Books, 2020)。

10. "Shell, C3.AI, Baker Hughes, and Microsoft Launch the Open AI Energy Initiative, an Ecosystem of AI Solutions to Help Transform the Energy Industry," C3.AI press release, February 1, 2021, https://c3.ai/shell-c3-ai-baker-hughes-and-microsoft-launch-the-open-ai-energy-initiative-an-ecosystem-of-ai-solutions-to-help-transform-the-energy-industry/.

11. Dan Jeavons and Christophe Vaessens, "Q&A: What Does Open AI Mean for Energy Production?" Shell website, March 24, 2021, https://www.shell.com/business-customers/catalysts-technologies/resources-library/ai-in-energy-sector.html.

12. Diabetes Prevention Program Research Group, "Reduction in the Incidence of Type 2 Diabetes with Lifestyle Intervention or Metformin," *New England Journal of Medicine* 346, no. 6 (February 7, 2002), https://www.nejm.org/doi/10.1056/NEJMoa012512.

13. "Kroger Using Data, Technology to 'Restock' for the Future," *Consumer Goods Technology*, October 17, 2017, https://consumergoods.com/kroger-using-data-technology-restock-future.

14. Kroger Investor Conference, October 11, 2017, https://s1.q4cdn.com/137099145/files/doc_events/2017/10/1/Presentation.pdf.

15. Russell Redman, "Kroger to 'Lead with Fresh, Accelerate with Digital,'" *Supermarket News*, April 1, 2021, https://www.supermarketnews.com/retail-financial/kroger-lead-fresh-accelerate-digital-2021.

16. Ocado Group website, "About Us: What We Do, How We Use AI," https://www.ocadogroup.com/about-us/what-we-do/how-we-use-ai, accessed December 26, 2021.

17. See, for example, Sinan Aral, *The Hype Machine: How Social Media Disrupts Our Elections, Our Economy, and Our Health—and How We Must Adapt* (New York: Crown, 2021).

18. Progressive Insurance, "Telematics Devices for Car insurance," Progressive website, https://www.progressive.com/answers/telematics-devices-car-insurance/, accessed March 24, 2022.

第 4 章　技术和数据

1. Thomas H. Davenport, Theodoros Evgeniou, and Thomas C. Redman, "Your Data Supply Chains Are Probably a Mess," *Harvard Business Review*, June 24, 2021, https://hbr.org/2021/06/data-management-is-a-supply-chain-problem.

2. Katherine Noyes, "AI Can Ease GDPR Burden," Deloitte Insights for CMOs, *Wall Street Journal*, June 4, 2018, https://deloitte.wsj.com/articles/ai-can-ease-gdpr-burden-1528084935.

第 5 章　能力

1. Anthem Corporate and Social Responsibility Report, "Becoming a Digital-First Platform for Health," 2020, https://www.antheminc.com/annual-report/2020/becoming-a-digital-first-platform-for-health.html.

2. See, for example, Thomas H. Davenport, "The Future of Work Now: Ethical AI at Salesforce," *Forbes*, May 27, 2021, https://www.forbes.com/sites/tomdavenport/2021/05/27/the-future-of-work-now-ethical-ai-at-salesforce/?sh=16195cd53eb6.

3. Margaret Mitchell et al., "Model Cards for Model Reporting," paper presented at FAT*'19: Conference on Fairness, Accountability, and Transparency, January 2019, arXiv:1810.03993.

4. Isabel Kloumann and Jonathan Tannen, "How We're Using Fairness Flow to Help Build AI That Works Better for Everyone," Facebook blog post, March 31, 2021, https://ai.facebook.com/blog/how-were-using-fairness-flow-to-help-build-ai-that-works-better-for-everyone/.

5. Shirin Ghaffary, "Google Says It's Committed to Ethical AI Research. Its Ethical AI Team Isn't So Sure," Vox, June 2, 2021, https://www.vox.com/recode/22465301/google-ethical-ai-timnit-gebru-research-alex-hanna-jeff-dean-marian-croak.

6. Paresh Dave and Jeffrey Dastin, "Money, Mimicry and Mind Control: Big Tech Slams Ethics Brakes on AI," Reuters, September 8, 2021, https://www.reuters.com/technology/money-mimicry-mind-control-big-tech-slams-ethics-brakes-ai-2021-09-08/.

7. Ping An Group, "AI Ethical Governance Statement and Policies of Ping An Group," https://group.pingan.com/resource/pingan/ESG/Sustainable-Business-Integration/ping-an-group-ai-ethics-governance-policy.pdf, accessed December 21, 2021.

8. Partnership on AI, home webpage, https://partnershiponai.org/, accessed March 24, 2022.

9. EqualAI, "Checklist for Identifying Bias in AI," https://www.equalai.org/assets/docs/EqualAI_Checklist_for_Identifying_Bias_in_AI.pdf, accessed December 21, 2021.

第 6 章　行业用例

1. Deloitte AI Institute, "The AI Dossier," 2021, https://www2.deloitte.com/us/en/pages/consulting/articles/ai-dossier.html.

2. Alamira Jouman Hajjar, "Retail Chatbots: Top 12 Use Cases & Examples in 2022," AIMultiple website, February 11, 2022, https://research.aimultiple.com/chatbot-in-retail/.

3. Cecelia Kang, "Here Comes the Full Amazonification of Whole Foods,"*The New York Times*, February 28, 2022, https://www.nytimes.com/2022/02/28/

technology/whole-foods-amazon-automation.html.

4. Judson Althoff, "Ørsted Uses AI and Advanced Analytics to Help Power a Greener Future," LinkedIn, March 3, 2021, https://www.linkedin.com/pulse/%C3%B8rsted-uses-ai-advanced-analytics-help-power-greener-future-althoff.

5. 用例参见 Thomas H. Davenport, "Pushing the Frontiers of Manufacturing AI at Seagate," *Forbes*, January 27, 2021, https:// www.forbes.com/sites/tomdavenport/2021/01/27/pushing-the-frontiers-of-manufacturing-ai-at-seagate/?sh=3d1e524cc4f。

6. Nitin Aggarwal and Rostam Dinyari, "Seagate and Google Predict Hard Disk Drive Failures with ML," Google Cloud Blog, May 7, 2021, https://cloud.google.com/blog/products/ai-machine-learning/seagate-and-google-predict-hard-disk-drive-failures-with-ml.

7. 用例参见 Thomas H. Davenport, "The Future of Work Is Now: The Digital Life Underwriter," *Forbes*, October 28, 2019, https://www.forbes.com/sites/tomdavenport/2019/10/28/the-future-of-work-is-nowdigital-life-underwriter-at-haven-life/?sh=4fc2332d6b54。

8. Steven Miller and Thomas H. Davenport, "A Smarter Way to Manage Mass Transit in a Smart City: Rail Network Management at Singapore's Land Transport Authority," AI Singapore website, May 27, 2021, https://aisingapore.org/2021/05/a-smarter-way-to-manage-mass-transit-in-a-smart-city-rail-network-management-at-singapores-land-transport-authority/.

9. Karen Hao, "AI Is Sending People to Jail—and Getting It Wrong," *MIT Technology Review*, January 21, 2019, https://www.technologyreview.com/2019/01/21/137783/algorithms-criminal-justice-ai/.

10. Thomas H. Davenport and Rajeev Ronanki, "Artificial Intelligence for the Real World," *Harvard Business Review*, January-February 2018, pp.108–116, https://hbr.org/2018/01/artificial-intelligence-for-the-real-world.

11. National Oceanic and Atmospheric Administration, "NOAA Artificial Intelligence Strategy: Analytics for Next Generation Earth Science," Febru-

ary 2020, https://nrc.noaa.gov/LinkClick.aspx?fileticket=0I2p2-Gu3rA%3d &tabid= 91&portalid=0.

12. David F. Engstrom, Daniel E. Ho, Catherine M. Sharkey, and Mariano-Florentino Cuéllar, "Government by Algorithm: Artificial Intelligence in Federal Administrative Agencies," report to the Administrative Conference of the United States, February 2020, pp. 38–39, https://www-cdn.law.stanford.edu/wp-content/uploads/2020/02/ACUS-AI-Report.pdf.

13. See U.S. Department of Veterans Affairs, Office of Research and Development, "National Artificial Intelligence Institute (NAII)," https://www.research.va.gov/naii/.

14. Kate Conger, "Justice Department Drops $2 Million to Research Crime-Fighting AI," Gizmodo, February 27, 2018; and DOJ's solicitation for the program can be found at https://nij.gov/funding/Documents/solicitations/NIJ-2018-14000.pdf.

15. Tony Kingham, "US S&T's Transportation Security Laboratory Evaluates Artificial Intelligence and Machine Learning Technologies," Border Security Report, September 11, 2020, https://border-security-report.com/us-sts-transportation-security-laboratory-evaluates-artificial-intelligence-and-machine-learning-technologies/.

16. Richard Rubin, "AI Comes to the Tax Code," *The Wall Street Journal*, February 6, 2020, https://www.wsj.com/articles/ai-comes-to-the-tax-code-11582713000.

17. John Keller, "Pentagon to Spend $874 Million on Artificial Intelligence (AI) and Machine Learning Technologies Next Year," *Military and Aerospace Electronics*, June 4, 2021, https://www.militaryaerospace.com/computers/article/14204595/artificial-intelligence-ai-dod-budget-machine-learning.

18. Singapore National Research Foundation, AI Singapore website, accessed June 15, 2022, https://nrf.gov.sg/programmes/artificial-intelligence-r-d-programme.

19. Singapore Monetary Authority, "Veritas Initiative Addresses Implemen-

tation Challenges in the Responsible Use of Artificial Intelligence and Data Analytics," press release, January 6, 2021, https://www.mas.gov.sg/news/media-releases/2021/veritas-initiative-addresses-implementation-challenges.

20. Alex Woodie, "Inside Cisco's Machine Learning Model Factory," Datanami, January 12, 2015, https://www.datanami.com/2015/01/12/inside-ciscos-machine-learning-model-factory/.

21. Max Smolaks, "AI for Data Center Cooling: More Than a Pipe Dream," Data Center Dynamics website, April 12, 2021, https://www.datacenterdynamics.com/en/analysis/ai-for-data-center-cooling-more-than-a-pipe-dream/.

22. Bernard Marr, "The Amazing Ways Verizon Uses AI and Machine Learning to Improve Performance," *Forbes*, June 22, 2018, https://www.forbes.com/sites/bernardmarr/2018/06/22/the-amazing-ways-verizon-uses-ai-and-machine-learning-to-improve-performance/?sh=1478c22f7638.

23. See, for example, Thomas H. Davenport, "The Future of Work Now: The Computer-Assisted Translator and Lilt," Forbes, June 29, 2020, https://www.forbes.com/sites/tomdavenport/2020/06/29/the-future-of-work-now-the-computer-assisted-translator-and-lilt/?sh=19fb4bc73890.

24. See, for example, Douglas Heaven, "Why Faces Don't Always Tell the Truth about Feelings," *Nature*, February 26, 2020, https://www.nature.com/articles/d41586-020-00507-5.

25. Kolawole Samuel Adebayo, "Meta Describes How AI Will Unlock the Metaverse," VentureBeat website, March 2, 2022, https://venturebeat.com/2022/03/02/meta-describes-how-ai-will-unlock-the-metaverse/.

26. Sarah Whitten, "Disney Launches Genie, an All-In-One App for Park Visitors to Plan Trips and Skip Long Lines," CNBC website, August 18, 2021, https://www.cnbc.com/2021/08/18/disneys-genie-app-is-an-all-in-one-trip-planner-for-its-theme-parks.html.

27. Robert Perkins, "Neural Networks Model Audience Reactions to Movies," California Institute of Technology, July 21, 2017, https://www.caltech.edu/about/news/neural-networks-model-audience-reactions-movies-79098.

第 7 章　成为 AI 驱动的公司

1. Thomas H. Davenport, "The Power of Advanced Audit Analytics," Deloitte report, 2016, https://www2.deloitte.com/content/dam/Deloitte/us/Documents/deloitte-analytics/us-da-advanced-audit-analytics.pdf.

2. Among many other sources, see the "Early CDO Appointments" in the Wikipedia entry for Chief Data Officers: https://en.wikipedia.org/wiki/Chief_data_officer#Early_CDO_appointments.

3. Thomas H. Davenport, "Competing on Analytics," *Harvard Business Review*, January 2006, https://hbr.org/2006/01/competing-on-analytics.

4. Derek du Preez, "Capital One Closes All Its Data Centres and Goes All In with AWS," *Diginomica*, January 12, 2021, https://diginomica.com/capital-one-closes-its-data-centres-and-goes-all-aws.

5. Angus Loten, "AI Helps Auto Insurers Cost Out Collisions in Seconds," *The Wall Street Journal*, November 2, 2021, https://www.wsj.com/articles/ai-helps-auto-insurers-cost-out-collisions-in-seconds-11635866345.

6. 关于这些模型的讨论，参见 Mattia Prosperi et al., "Causal Inference and Counterfactual Prediction in Machine Learning for Actionable Healthcare," *Nature Machine Intelligence* 2 (2020): 369–375, https://doi.org/10.1038/s42256-020-0197-y。